思想觀念的帶動者

文化現象的觀察者

本土經驗的整理者

生命故事的關懷者

心靈工坊 PsyGarden

Caring

生命長河，如夢如風
猶如一段逆向的歷程
一個掙扎的故事，一種反差的存在
留下探索的紀錄與軌跡

憂鬱的醫生，想飛：

王浩威醫師的情緒門診2

著——王浩威

謹以此書獻給我的父親

【作者序】

一個人的家族旅程

王浩威

1. 光陰

關於光陰，我們總是一而再地驚訝，它竟是如此迅速的流動。

今年三月的某日，巴士駛離旅館就要前往機場，結束那五天的旅程，我再一次湧起這樣的驚訝。那時，忽然意識到：原來這趟聚會，竟是說了十八年才成行。

這次旅程是十分匆忙安排的。整個行程是如此突然，甚至到最後一週都還沒確定租到巴士否。

今年舊曆年春節前，大姊在電話裡告知，媽媽八十歲的壽誕將要到臨。原先，兄姊他們是想設宴，邀請親友，包括媽媽台中女中的昔日同窗等。當我們正在準備詢問餐廳和時間之際，家族裡的一位長輩說，像媽媽這樣的鰥寡者只能在八十一歲時作壽；如果作八十壽會折她的福壽。關於民俗的說法，我們是不太清楚。不過，就像大部分的人一樣，必然是寧信其有而不信其無。匆忙之間，我們也就改了計畫，轉爲日本北九州的家族旅行。

家族十一人坐在租賃巴士上，從福岡機場出發，五天的行程安排了日田、由布院、黑川溫泉、阿蘇、柳川、太宰府等地，繞了北九州一圈，再回到福岡。原本是相當輕鬆走走的路程，一路上終究還是忍不住美景美食的誘惑，又多走了許多路，不知不覺中已經有些許疲憊。最後一晚回到福岡，入宿現代風格的五星飯店裡，幾乎是不想出門。於是旅遊手冊中關於福岡衆多的美麗，也只能從當晚在旅館旁的百貨公司的博多拉麵，在湯水的油光泛影中，彷若瞥見了。

最後一天就要離去，我忽然想起這還眞的是長大以後，第一次家族旅行呢。

2. 旅程

據說韓國人形容自己的民族性格是半島的，因爲不得不的原因離開舊土踏上漂流之旅，卻又在陸地盡頭還是停佇了。那麼，來到台灣的漢人，不論先後，都是血液中有更多的亡命基因，才敢走進茫然大海，跨過黝黑的海溝。

我們家族的人，基本上，身體裡還是留有開基先祖的銘記，血液中確確實實還流動著旅人的符碼，只不過是有的人多一點，有人少一點罷了。

在我還小的時候，父親還是小學教員時，總是愛趁著學生畢業旅行，帶著母親和家裡一位學齡前的小孩，一起趁機去遊玩。於是，這個可以跟隨的幸運小孩，最先是姊姊，然後是哥哥，再來是我。尤其是我，在家族相簿裡的這類照片特多。也許是台灣那時開始有些許富裕了，環島旅行成爲一種時尚，照片裡的我出現在南北各地的名勝古蹟中。而弟弟就沒這麼幸運了。在弟弟還蹣跚學步時，父親就拋下教鞭，改從商去了。

即便爸爸經營工廠以後，生活忙碌較不容易挪出假期，根據照相簿子的記憶，一家人還是一齊去了台南當時的名勝秋茂園，後來媽媽也帶我們又去了一趟日月潭。甚至家裡工廠破產而搬上台北以後，即便那是一段全家都十分抑鬱的日子，父親還是興致勃勃地帶著大家去八斗子。

那一次的八斗子旅行，儘管情緒基本上是十分黑白的，卻是家族照片開始轉爲彩色沖印的年代。當時是高中生的我，已經開始鬧彆扭，不喜歡和家人出去了。那一次旅程，與其說是爸爸帶領，不如說是被爸爸逼去的。然而，回想起來，我實在記不得當時爲何會有這趟旅程的安排。那時承受經濟壓力，又遭逢生平第一次失業的父親，究竟是怎樣的心情，帶著我們搭上擁擠的巴士，跌跌撞撞到了這島嶼極北的海濱，如今都已不得而知了。

那一趟旅遊是如何結束的，我已經不記得了。在同樣的那時間點以後，我們兄弟姊妹（還是只有我自己？）似乎都不約而同地，陸續有了各種名正言順的合法理由，也許是讀書，也許工作，離家越來越遠，也越來越久。

八斗子這一次，恐怕是最後一次父親同遊的家族旅行吧。

3.回家

所有的離開都有著盡頭，而最遙遠的旅程恐怕就是回家吧。

一九九四年，那時我已經從醫學院畢業，又完成了精神科醫師訓練，在花蓮擔任精神科主治醫師多年了。那一年年底，我搭楊明敏夫婦的便車，一起去同窗好友田雅各的故鄉信義鄉，過一個布農族的聖誕和新年。我們駛著車，從花蓮中橫再下合歡山支線到埔里和信義，也沿同樣的路程結束假期。

就在回程離開埔里，車子開始上山不久以後，我的 BBCall 開始急急呼叫，一而再地響起。平常很少緊急聯絡的姊姊，不知爲何如此焦急地 call 我。在那個還沒有手機的時代，不可能有任何立刻的聯絡，只得著急地在車上胡亂猜想。終於，車抵霧社，我看見了公共電話。

原來，父親在墨爾本去世了。

父親和母親，還有幾位姨丈阿姨，一起參加了澳大利亞的旅行團。當時他們年歲稍大，將臨退休，開始經常相約出國。只是，在這一次旅程，連續幾天的奔波後，就在墨爾本驗護照要離境時，父親竟在出境官員面前忽倒下去，立刻啓動的急救也回天乏術。

除了來不及辦護照的弟弟，我兄弟姊妹三人一起在澳洲代辦處和航空公司的協助下，很快取得簽證和機位，趕到墨爾本，接替特意留在那裡陪我們母親的表妹。那四、五天裡，媽媽和我們三人，一起去辦死亡證明，安排火葬墳場，選骨灰甕，然後靜靜地等待他鄉異地的火化。當父親的死亡還流動在一家人身影周遭時，我們只是一直聊天，喚起許多從沒機會談論的往事。

回家了。只是，不像《聖經》新約〈路加福音〉第十五章的記載，浪子弟弟敗盡一切而回到家時那樣，還有父親為他辯護說：「只是你這個兄弟是死而復活，失而又得的，所以我們理當歡喜快樂。」

而我，又如何可能歡喜快樂呢？

4. 記憶

因為童年許多不堪，我原本以為自己早已失去情緒的抑揚頓挫了。不想，父親的離去，許多昔日影像開始湧上，我陌生許久的眼淚也隨著記憶的展開而開始落下。

許多往事的場景，我們，媽媽和姊兄我三人，都參與了。只是，也許各有各的潛意識的選擇，再加上當年每個人空間上和時間上所在的位置不同，對我們之間發生的同一件事的記憶，彼此的落差竟是大得不可思議。在墨爾本的那幾天，每個人除了喪事工作以外，幾乎都不想出門，任由自己癱瘓在悲傷的情緒裡，唯一的驚訝是所有記憶都存在著許多的差異。

這樣的對話回到台灣以後，先是因喪禮的忙碌，接著又回各自工作崗位，不再有一家人安靜坐下的機會，而不再容易出現。然而，雖然我自己的眼淚也逐漸蒸發在忙碌的空氣中而不再見到，但是，透過書寫，透過團體治療的分享，我的憂鬱可以坦蕩蕩地流向人們，不論是我熟悉的親友或是我陌生的單純讀者。

一九九八年，父親去世了三年又一半，我將這些化爲文字的心情結集，出版了一本自己相當喜歡的小書，《憂鬱的醫生，想飛》。熟悉我的朋友有點驚訝，因爲文字裡頭的自我告解，其徹底程度，遠遠超過他們對我的認識。許多文壇的朋友和前輩也表示喜歡，甚至還因此獲得二〇〇〇年的吳魯芹散文獎。

十多年很快地過去，這本書也因爲我自己要求而絕版許久。我一直想動筆將其中過於侷限於當時背景的片段稍加修改，現終於完成而再次出版。這時間也許有點長，其實比父親的離去又短了許多——儘管我一直感覺那還彷如是昨天發生的事。

當時，在墨爾本，我記得是我說了，但現在的記憶不太確定：「也許我們應該每年一起旅行一次，也不用走遠，也不用太大費周章，就是這樣地聊聊。」我不記得我只是在心裡說了，還是眞的講出口？如果眞的說出口了，是否又有人附和，同意這個家族之旅的建議？

沒想到，這樣的提議，在日本的北九州之旅終於實現時，已經相隔十八年了。

而這一本書的大多數文章，其實是我自己版本的遣悲懷，喪父傷慟的自我療癒。只可惜，我甚至在第一次出版時都不曾瞭解，現在要將這本重新出版的書獻給父親，似乎又太遲了。

我只能將這一切寫下，假裝文字是挾帶在風中的信件，將會找到它的管道穿越時空，送抵我所期待的收件人，並且代爲問候：這十八年的旅程，可好？

（本文為《憂鬱的醫生，想飛》二〇一三年新版而作）

【名人推薦】

許悔之
（詩人，有鹿文化總經理兼總編輯）

浩威這本《憂鬱的醫生，想飛》，是我非常想在「有鹿文化」爲他重出的書！原因很簡單：感人、受用，並且不懼於分享自己的情緒與思惟，不只是引經據典、分析別人而已。

這是一本既「專業」又不戴「假面」的心靈處方箋，書寫著一位精神科醫師年輕時的果敢與溫柔！並且，有著「自、他一體」的理解與慈悲。

到現在，其中的許多篇，我還常常想起來。

此書新版印行，我感到無比高興。相信會有許多讀到此書的人，宛若於情緒之海收到一「瓶中信」，瓶中之信發出了信號，鼓舞了我們：劫波也可以渡盡。

目次

【作者序】一個人的家族旅程——5
【名人推薦】——15

輯一

恐懼。灰影在呼吸之間滲透——25
究竟，恐懼是什麼呢？也許是一種生理反應，像坐雲霄飛車一樣既有驚慌又有快感；也許是一種災難，是讓我們證明勇氣的存在或是創造英雄的條件；也許是一種深層的傷害，一輩子永遠都想逃避的惡夢；甚至，也許就是一種生活的常態了。

寂寞。出走，爲自己而活——37
害怕寂寞，是一種可恥嗎？你的寂寞，到底是耽溺，還是恐懼分離？
當依戀的對象消失，不得不出走時，也許是打開了生命的另一扇門。

嫉妒。尋貓的獵犬——47
成長以後的愛情中，所謂的嫉妒，不也同樣是再次喚醒的對父母的依戀關係嗎？
果真如此，失戀也就成為一種重要的成長過程了。

背叛。尋找被遺忘的傷口——57
被背叛的感覺也許是極其難過，但能夠擁有這種感覺，卻是幸福的。
遭到背叛，表示曾經有過一段值得信賴的愛的關係啊。

憤怒。暴雨將至——67
憤怒，也許是十分動物性的情緒，似乎也是面對各種生命弱勢情境時，
對自己的前途不願意放棄的唯一辦法。

憂鬱。憂鬱的醫生，想飛……——79
憂鬱並不全然是負面意義的。
在王維的詩中，情境是孤獨一人，卻不全然的孤立，
他的孤單擁有一個自得其情的空間。
然而。一旦所處的空間不再是自己選擇的，負面的情緒也就源源不絕了。

每一個人都是特有而獨立的存在，每個人之間永遠都有不可能到達的距離，
每個人都是和這個社會格格不入的，距離或疏離，異化或異形，
其實就這樣結結實實地發生在我們的身上。

媽媽對我跪下來了。那時我還是小學三、四年級吧，也許果真慚愧極了。
只是不知怎麼回事，也許是自我保護心理，整個情緒麻痺了。
總之我落下的眼淚，可以確定比母親的還少。
難道，我像動物一樣殘忍，沒有愧疚的心情？

死亡是最深層的失落。然而，在一生的成長過程中，
不也是不斷地被迫要面臨永無止境的各種失落？
包括背叛、失戀、喪親、失敗等等。
沮喪代表什麼？也許就是生命將要更成熟圓融的必然過程。

不安。窩在愛人懷裡孤獨——123

我們在親密的互動裡，開始曝現出自己的害怕，包括對自己或對方的不確認感。
這時，控制一切的欲望成為必然的反射態度。
因為，唯有一切都在掌握之中，才能彌補我們缺乏自信或互信所造成的不安全感。

快樂。一種很高層次的修養——133

快樂是什麼?快樂可以是一種狂歡、一種滿足、一種歡樂、一種放鬆、一種喜樂，
也可以是一種宗教的境界。
但是，最重要的是，真正的快樂是完全屬於自己一個人的。

輯二

潛行虛無診療室——145

有人問我心理醫生這一行業是做什麼的?
我想了很久，搖搖頭：什麼也沒做。提供給個案的，
頂多只是一面教他看見破碎水影裡自我影像的鏡子。

最極致的恐懼，最極致的勇氣——193

最恐懼的，是最沉默的。
但若能聽到自己的聲音，聽到自己的憤怒，
恐怕是面對這樣最極致恐懼的唯一自我救贖之道吧。

不存在的愛情——203

幸虧羅蜜歐與茱麗葉在相處五天半以後就雙雙死亡了；
否則，到了第六天，他們對彼此會不會也開始厭煩？
但我相信，其實有一種比所謂的愛情還更珍貴的感情，因為太平凡而易被忽略了，
甚至連一個足以代表其內容的簡單稱呼，都還沒找到呢。

213——〈附錄一・一九九八年初版推薦序之一〉老湯姆和他的凸透鏡／莊裕安

217——〈附錄二・一九九八年初版推薦序之二〉讓孤獨與憂鬱在回憶中止息／楊明敏

225——〈附錄三・一九九八年初版作者序〉尋找一條漫長的旅程／王浩威

輯一

與情緒的角力，是人們終生要面對的課題。
這敵手是如此刁鑽難纏，且善於變化各種面貌：
憤怒、嫉妒、憂鬱、失落……
它們精於奇襲，往往在出其不意間席捲而至，令人措手不及
被情緒淹沒時，也許最好的態度是傾聽它，分析它……
在海嘯褪去的沙灘上，也許有什麼值得留下的晶瑩之物

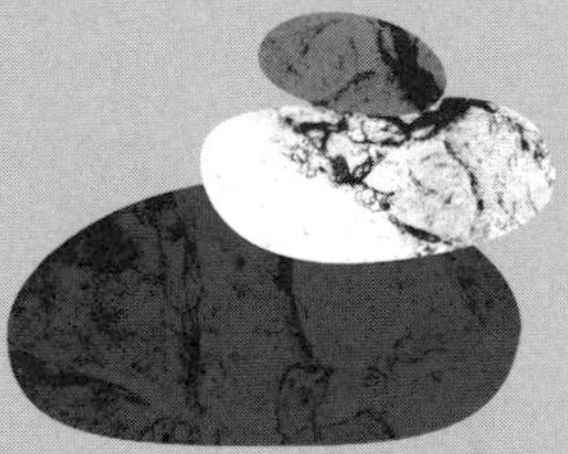

恐懼。

灰影在呼吸之間滲透

究竟，恐懼是什麼呢？

它也許是一種生理反應，像坐雲霄飛車一樣既有驚慌又有快感；

也許是一種災難，是讓我們證明勇氣的存在或是創造英雄的條件；

也許是一種深層的傷害，一輩子永遠都想逃避的惡夢；

甚至，也許就是一種生活的常態了。

一位工程師來到門診，是心臟內科醫師轉介來的，他經常毫無預兆地一陣心臟怦跳，呼吸跟著急促起來，忽然有一種覺得就要死掉的恐怖預感占據了腦海，覺得自己的身體也跟著變形而陌生了。他說，他害怕這種恐懼感隨時湧現的襲擊，甚至不敢單獨一個人出門。原先以爲是心肌梗塞之類的致命毛病，每次衝向急診，一切檢查卻又沒有明顯生理毛病，心臟內科的醫師就要求他來看精神科了。

「還記得第一次發生的情形嗎？」這是典型恐慌症的症狀，要瞭解進一步的病情一定要問及最初的情況。

原來是在台北市趕工中的捷運，在一次地下工程進行時，他負責的隧道擋泥牆忽然有動搖的跡象，工人們一陣驚慌，紛紛往外逃。而他原先覺得自己既然是負責整個工地，就應該做些緊急補救，沒想到才多留幾分鐘，就親眼看見黑暗中如波濤一般的泥漿湧爆了擋泥牆，只差一步自己幾乎就被埋沒了。

這位工程師的臨床診斷雖然是恐慌症，其實也可以說是一種創傷，一種深層的不安。對他而言，過往專業經驗上的熟稔，讓自己覺得一切都在掌握之中。然而，一次意外發生，他忽然才意識到台北盆地的特殊結構，一個在千百年前原是湖泊沼澤的地層。於是，過去熟悉的一切都陌生了，他有一種陷入陌生地雷區的感覺。

然而，這種地雷區的感覺，不也是我們普遍經驗的嗎？

走在台灣的公路上，忽然有一天就被砂石車當場撞死了；帶小孩上街，一轉眼居然就被拐走失蹤；辛苦買來的房子，原來是不斷剝落的海砂屋，或是不斷侵蝕身體的輻射屋；甚至，像過斑馬線遭車闖紅燈撞死的曾御慈醫師那樣，你如何確定路上的車是否都沒有酒駕，可以放心穿越馬路的呢？

恐懼的複雜機轉

心理學界對情緒的生理反應，一直都有所爭議。柏克萊加州大學的心理教授拉札魯斯（R. Lazarus）在他的經典作品《情緒與適應》（*Emotion and Adaptation*, 1991）裡，就提出這樣的問題：「生理反應是情緒的必然要素嗎？」

這個問題的源頭，是來自坎農（W. B. Cannon）在一九三九年所提出的著名說法：戰鬥或逃跑（fight or flight）。當我們面對任何威脅時，身體內部的自律神經和腎上腺就開始運作，所有的生理反應也就隨之發生。

當隧道工程的災難發生時，每個人的生理反應立刻提昇到最高點：心跳加快、呼吸急促、汗流、豎毛等等。在這樣的情況下，大部分的人立即的反應是「逃跑」；而這位工程師刹那間的最初反應是要設法搶救，也就是要「戰鬥」。這樣的戰鬥姿態雖然沒維持多久，卻是面對恐懼時常見的一種方法。

如果危機所造成的威脅是在可以忍受的範圍內，恐懼反而激發了我們以前從未經驗過的潛能。這就像我們小時候聽過的童話，荷蘭的一個小男孩發現海堤破了一個小洞，於是用自己的手指擋住了海水可能侵入的管道，而挽救了整個村莊。

我們不也都有「臨時抱佛腳」的經驗嗎？因爲明天就要考試了，平時看三頁就想打瞌睡，現在卻是一晚的夜車就可以啃完整册書。

當然，荷蘭小童立下的功勞並不一定是恐懼所激發的。也許他就像台語形容的「憨膽」，是因爲不知道失敗後可能被海水沖走，也就傻傻地執行了這一切勇敢事蹟。

於是，關於恐懼的機轉，也就更複雜了。「知道」其實扮演著很重要的角色。

前面提到的那位工程師，在大學時必然也讀過有關台北盆地地層結構的分析。只是，就像我們每人的認知方式一樣，寫在教科書上的永遠都覺得事不關己。一旦有了一次親身的體會，開始「知道」了這一切，恐懼就變得無所不在了。

甚至，這種「知道」的過程還不一定要親身體會，曾御慈醫師車禍以後，大家開始覺得過馬路都很可怕；我有一個個案甚至還說，看到斑馬線就害怕。這種經驗或「知道」其實是會傳染的。心理的距離越接近，譬如住在同一區域，同樣的年紀或經歷、同時的生活方式等等，傳染的速度也就越快。

只是，這樣的恐懼效果又可以維持多久呢？每次KTV火災一發生，顧客人數減少沒半個月，又一樣恢復車水馬龍了。曾御慈醫師的遭遇雖然教我們心驚膽跳，但總還是要繼續過斑馬線呀。究竟怎麼回事，人們這麼快就學會了遺忘？

放棄以各種面貌呈現

爲了補充坎農戰鬥或逃跑的理論，羅徹斯特大學精神科醫師恩格爾（G. L. Engel）在一九六八年提出了「放棄被放棄情結」（giving–up–given–up complex）。

雖然現在人們不再有機會在森林遇見大熊了，但是童話裡還是會提到求生技巧：趕快躺下來，完全放鬆不要動，甚至儘可能在牠嗅聞你時暫停呼吸。

當逃跑（flight）或者是戰鬥（fight）這兩種以F爲開頭的選擇都不可能時，第三個F也就出現了。這時候，既然所有的努力都是無益的，保存身體資源的最佳方法，也就是放棄掙扎了。譬如遇到熊時，我們很早就知道只有假死般的昏倒（fainting）才是唯一的辦法。

只是，萬一這隻熊徘徊不去，那又該怎麼辦？現實生活裡也許沒有態，但是，還是有很多徘徊不去的災難呀。譬如說，自己的親人突然生病死去，我們不也是以詛咒上帝的方式來和命運戰鬥想挽回一切生命嗎？終於，我們放棄了，悲傷和絕望也就隨之而來。

心理上的放棄，其實是用各種面貌來呈現的。也就是說，廣義上的昏倒，是包括許多形式的。

也許經歷曾御慈事件後，因爲無可選擇，你還是繼續穿越斑馬線，但是生活中的不安眞的消失了嗎？還是暫時潛抑成更深層的無奈與絕望？

昏倒是一種放棄，憂鬱是一種放棄，無奈是一種放棄，甚至遺忘也是一種放棄。

兒時消失的記憶

我還記得父親去世以後，好幾次媽媽和我們兄弟姊妹談起小時候的情形。其中，最教我印象深刻的是，對爸爸的記憶居然有一大段全消失了。

在我小學二年級時，爸爸因爲在出差的路上意外車禍，腦部嚴重受傷而住進外地的醫院昏迷不醒。我的腦海裡還清楚記得，當噩訊傳來時，我和哥哥正在屋子後面的草地打棒球，媽媽慌亂地喊了一聲就消失了好幾天。我也記得多日以後，兄弟姊妹終於到醫院加護病房時，看到整個臉紫紅而變形的爸爸，以及年幼的弟弟嚇哭了、急急跑走的那一幕。但是，我卻忘記了爸爸逐漸恢復的過程。

媽媽提到那一段日子，好不容易保住生命的爸爸終於送回家療養了。那時，她一方面要負責工廠一切大小事情，一方面又要應付整個人變得暴怒而多疑的父親。她說，那時候每個人都變得很安靜，走路全靜悄悄地，唯恐被爸爸聽見又要發一陣莫名的脾氣了。

現在，我自己學了精神醫學，知道這是一種典型的器質性人格違常，是腦部病變常見的後遺症，可能幾個月就會改善，也可能終生不治。然而，最教我驚訝的是，在我自己這一段時間的記憶，居然完全沒有任何爸爸的形象。

彷如記憶裡爸爸在加護病房那一幕就消失了，然後，遲遲到我上台北考私立初中陪我搭火車時才又出現。

我不曉得在那段空白時間裡，對當時年幼的心靈究竟發生了什麼事。以我現在專業知識的判斷，我相信那是一種無法承受的恐懼，幾近於心靈的創傷，唯有遺忘才能教我年幼的世界可以不再困惑和痛苦。

究竟，恐懼是什麼呢？它也許是一種生理反應，像坐雲霄飛車一樣既有驚慌又有快感；也許是一種災難，是讓我們證明勇氣的存在或是創造英雄的條件；也許是一種深層的傷害，一輩子永遠都想逃避的惡夢；甚至，也許就是一種生活的常態了。

在我們的生活裡，不只是永遠都有著無法預測的災難可能發生，甚至連這一生最基本的安全感（工作、房屋、家庭、性命等等），都可能因爲不完整的社會福利制度和失控的經濟狀態，而遭到永無止境的威脅。如果，恐懼的力量可以大到磨滅我們的一切記憶；那麼，它必然也可以扭曲我們的一切人生。

我們走路、呼吸、談天和睡覺，恐懼卻以無聲無息的方式滲入這一切，而不知不覺地悄悄發生變化了。

出走，為自己而活寂寞。

害怕寂寞，是一種可恥嗎？
你的寂寞，到底是耽溺，還是恐懼分離？
當依戀的對象消失，不得不出走時，
也許是打開了生命的另一扇門。

一位六十五歲左右的老榮民，自己來到精神科門診，他的要求很特殊，希望醫師幫他一個忙，想辦法讓他敢一個人待在屋子裡。

比起精神科其他種種疑難雜症，這個要求實在是太微不足道了。既不會有任何傷害性的舉動，也不是什麼失控的情緒或感知，就僅僅是個人生活上的不方便。然而，就症狀本身而言，這實在太特殊了。

他說，當他單獨在家時，總是要整個人貼靠著牆壁才可以放心。我問他如果不這樣，他怕會發生什麼嗎？他猶豫了一下，有點靦腆，才喃喃說是怕不小心一回頭，就看見了鬼。

說完這句話，他立刻懊悔，急急又補充說，其實他自己也知道這件事很荒謬，就是忍不住地會害怕。

為什麼怕鬼？

鬼的傳說幾乎發生在每一個民族。在我們成長過程的某個階段，扮鬼嚇人是最刺激的遊戲。我們驚嚇著別人，但也同時被自己醞釀出來的氣氛所驚嚇。在這個遊戲效果最讓人過癮的階段，也是我們特別害怕鬼的時候。尤其在看得見的世界裡僅僅自己一個人孤獨地存在時，伴隨著鬼的恐怖想像，必然就隨之而來。

心理學家說，這樣的害怕是來自人們對世界認知的成長。因爲知道了有自我和外在世界的差異，因爲認識了母親之外還有其他不可預測的外在世界，我們開始懂得害怕孤獨，害怕黑暗，也同時害怕其他不可知的存在。而鬼的觀念，正是隨之湧現的象徵。

然而，對一位歷盡風霜的老年人而言，這種童年過程的驚駭，爲何到現在才想要求醫？

這是十年前的案例，但我印象太深刻了，他的表情仍歷歷在目。

隨著治療過程的會談，他才娓娓道出自己成長的經驗。一位大戶人家的獨生子弟，陷在大陸不安的局勢裡，遲遲才發覺成長過程無所不在的孤獨。剛好學校裡正在招募青年軍，他因爲這種不好意思說出口的害怕，而特別喜歡團體生活，就不顧家人的反對而入伍了。後來來到台灣，退伍結婚生子，一直都不曾孤單過。直到來門診前些年，太太迷上了宗教而天天晚上往外跑；這一年，最後一個女兒終於也嫁了。他開始經常找不到伴而被迫要面對孤獨，關於鬼的恐怖念頭也就越是揮之不去。

一個年老的男人，一個隱藏了半個世紀以上的祕密，竟然連相處半生的至親，譬如妻子，也全然不知道。遺憾的是，我們沒機會進一步瞭解他的童年，沒法知道在這樣的大戶人家裡，重重的庭院和來往的親族裡，是誰哺育了他，又是誰讓他隨時提心吊膽的。

依戀與分離交織一生

在嬰兒成長的過程，依戀（attachment）成爲一種正常的狀態。精神分析師兼小兒科醫師溫尼考特（D. W. Winnicott）曾經說過：「沒有所謂一個嬰兒這一回事。」（There is no such thing as a baby.）他所指的是，嬰兒是不可能成爲一個完整的獨立單位的。嬰兒的存在，是永遠和母親合爲一體的。

如果我們腦海中浮現一幅景象，裡面有一個嬰兒，必然有一雙撫抱的手臂，或是一張睜大眼睛注視的母親臉龐；至少，從嬰兒的眼神，我們也可以判斷有著另一個親近的人正看著他。這就是依附，是依戀。

當然，依戀的關係不是持續一輩子的。

隨著個體的成長，隨著他對外界安全的確定，安全的冒險和分離的過程也就同時發生。只不過，遺憾的是，這樣的分離通常都沒法恰如其時，永遠不是太早就是太晚。

過早或者過於快速的分離過程，也就成爲另一種失落。心理學者拉札魯斯表示：「寂寞、傷慟和悲哀，都是失落的結果。」

知名的嬰兒行爲學者兼精神分析師鮑比（John Bowlby），一生的研究即集中在人類行爲裡的依戀、分離和失落。他說：「我們任何一個人，從搖籃到墳墓的一生，最快樂的事就是：一連串或長或短的出走，離開我們依戀對象所提供的安全基地，而構成的一生。」

這句話乍看有點弔詭，但也說明了爲什麼寂寞對我們而言，往往是有時耽溺、有時恐懼的矛盾狀況。我們常常說：「愛讓我們窒息」，又說：「寂寞會教人死亡」，其實就是這種「一連串或長或短的出走」。

出走，就是分離的過程，也就是孤獨的能力。然而，一輩子不是只有一次就決定的永遠出走或孤獨；而是不管每次時間多長，永遠都是暫時的出走。同樣的，在結束了一次出走以後，永遠都有依戀的對象（父母、愛情或其他親密關係）提供的安全而溫暖的歸宿。就這樣，一連串不斷的出走和歸宿所構成的一生，正是鮑比所講的「最快樂的事」。

只是我們太常強調獨立或出走。特別是在性別刻板印象的社會脈絡下，男性往往被過度強調要求獨立，寂寞的情緒往往就被視為負面的，代表著不夠男子氣概或是不夠成熟。

在台灣的男性文化裡，男性的孤獨是只能悲壯而不能寂寞的，是一種永遠放逐的選擇，而不允許尋找歸宿的。然而，女性的孤獨卻被描述成「閨怨」，是停留在「閨」這個隨時可轉變成為安全基地的空間裡，沒有任何的出走意圖。寂寞也就成為一種被歸類為女性特質的情緒，甚至是一種女性的美德。像林黛玉這樣楚楚可憐的形象，迄今還是台灣男性心目中的理想女性，就是一個典型的例子。

培養獨處能力，為自己而活

來到精神科門診的這位老榮民，恐怕也是這種性別文化的受害者吧。在他童年時，也許因爲是男孩，也就太早地結束了依戀的階段。他的出走是被迫的：一方面是家庭對他獨立的期待，另一方面則是社會對他男性角色的要求。對他而言，孤獨是一種永遠不知如何面對的處境，卻礙於身爲男性的角色而不敢開口表示，只能逃到軍隊、逃到工作崗位、逃到男性同儕之間。直到有一天，年紀老去，工作的退休、友伴的死亡和兒女的離去，再次曝現了這個問題，對寂寞的無能也就轉化成另一種面貌，以怕鬼這樣的合法性理由，而出現在精神門診的行列裡。

這樣的問題，也就延伸出另一個議題了：孤獨是一種可恥嗎？

台灣原本是典型的華人文化社會，是習慣壓抑自己的情感的。

九〇年代後，隨著《EQ》這本書的暢銷，每個人都開始注意到自己人際關係的處理能力了。「我是不是瞭解自己的情緒反應，我是不是能體會對方的感受？」這樣的思考，成爲我們這個時代新的道德標準。一時之間，寂寞變成一種羞於開口的情境了。

然而，正如鮑比的出走概念，溫尼考特也提出了「獨處能力」是成熟指標的說法。對他而言，所謂的獨處能力，也就是一個人對自我世界放心的程度。

在這個過度社會化的世界裡，我們總是太在乎別人對自己的看法了。「我這樣表現，是不是很丟臉？」「我這樣做，別人不知道怎麼想？」「我會不會不如人家？」別人的眼光成爲我們生存的標準。到了最後，我們自己往往是爲了迎合別人的期待而活著，而非爲自己的人生或理想了。

佛洛姆（E. Fromm）指出了這一點，所以才寫了《爲自己而活》。然而，要怎樣才能逃離別人的眼光，終於可以自在地爲自己活呢？溫尼考特提出的「獨處能力」，剛巧與佛洛姆不約而同地指出了相近的方法，關於個人成熟或自我解放的管道。

寂寞可能化爲各種面向，終究還是翻轉在依戀、分離和失落三者之間的變換。它應該不是一種價值判斷的標準，而是探索自我世界的一道門。史脫爾（A. Storr）承續了溫尼考特的觀念，將寂寞的正面意義，寫成了《孤獨》（八正文化，二〇〇九年）一書。

寂寞可恥嗎？也許，就像史脫爾《孤獨》一書的最後，引用了華滋華斯的詩作爲結語，可以供我們稍稍停留思索的：

倉促的世界使我們
與較好的自己
分離太久，而且逐漸萎靡
厭倦世事，膩煩歡樂。此時
孤獨是多麼從容
多麼溫和

嫉妒。

尋貓的獵犬

成長以後的愛情中，所謂的嫉妒，
不也同樣是再次喚醒的對父母的依戀關係嗎？
果真如此，失戀也就成為一種重要的成長過程了。

在一次會談裡，個案回想起他童年的幾個死黨。他是因為愛情受挫以後，壓抑不住自己的「毀滅」念頭，卻又因為這樣的念頭教他在道德上感覺痛苦萬分，才來門診的。

門診座落在一幢五〇年代的水泥大樓，昔日驕傲的新穎建築，如今卻因為人們對空間的感覺逐漸改變，不變的客觀條件現在卻遭到越來越多的不滿意批評了。

我們的會談就是這樣展開的，從採光陰鬱的窗戶談起。他說，這種光線氣氛，讓他回想起自己的童年裡，一個陰鬱的歲月，人人羨慕他身為獨子而擁有許多愛，而他自己卻永遠處在一種無法滿足的不安全感。

不安全感讓人陷入嫉妒深淵

幼稚園的階段，媽媽帶著他換了三所學校；到了國小，他甚至要霸住媽媽，確定媽媽就站在操場的另一端，否則就奪門而出了。

這一次戀愛是出乎意料的。

在成長的過程裡，他開始交朋友，偶爾也有一些死黨，可是往往很快因爲爭吵就分手了。大部分摩擦的理由是可笑的，總是因爲自己懷疑甲同學和乙同學比較要好，而自己遭忽略，索性刹那間就翻臉了。

幾次交友的經驗下來，教他更懂得以孤獨來保護自己，包括戀愛在內。他說，從高中開始，有好幾次初交的女友邀他共處一室，明明白白地強烈暗示進一步的親密動作，他卻奪門而出。他說，他害怕在擁有以後就要面臨失去的威脅。

這一次的戀愛終究還是發生了。就在他透過肌膚的喜悅而確定自己的擁有時，害怕失去這一切的不安全感也同時湧上了。如果有一個晚上，當他撥著電話找不到這位深愛著他的女孩，他在拚命告訴自己她是多麼愛他的同時，卻又忍不住在腦海中想像勾勒另一位男孩的存在。

分手是很痛苦的。這位女孩其實是受不了這種窒息的愛情，然而他卻更加肯定有第三者的存在。於是，整個人也就像尋貓的獵犬般逡巡在她的家門、學校和公車站牌。甚至，想要毀滅這世界的念頭也越加強烈。既然我得不到，索性就全毀了，別人也別想要。他很清楚，從一開始忍不住地陷入占有的欲望時，嫉妒也就成爲不可避免的毀滅動作了。

嫉妒是人際關係的三角習題。在兩人之處的第三者，不管是否眞實存在，我們總是忍不住地加以想像、揑造，或是強化；到了交往的最後，一切的假想果眞就栩栩如生了。

然而，這種揮之不去的虛構三角習題，幾乎是從我們出生之後，就開始出現了。

精神分析者總愛將伊底帕斯情結的戀母弒父，同樣地形容成三角關係。依戀著母親的子女，一旦意識到第三者（也就是父親）的存在，所有的不安全感也就轉換成哭鬧的表現。所謂的嫉妒，也就是要去維護百分之百占有之假象的一切努力。

我聽著這位年輕男子的故事，在永遠無法滿足的占有欲望，以及連自己都可能因爲這欲望過度強烈而退縮害怕，永無止境徘徊在這兩者之間，隱約知道這一切恐怕暫時解決不了。

完全占有的依戀關係

結合了動物行爲學和嬰兒發展觀察的兩位著名精神分析家，分別提出了類似的看法。鮑比的依戀理論（attachment theory）和瑪勒（Margaret Mahler）的母子共生現象（symbiosis），或多或少共同指出了這種強烈占有欲望的必然性。如果在童年沒有發生足夠安全的完全占有現象，自然也就會在生命的歷程中再三地發生。

我記得自己曾經從家扶中心的老師那裡，聽過一位個案的故事。國小六年級的她和弟弟，從小父母就留在城市工作而失去聯絡，只得和年老目盲的祖父一起在村裡生活。幸虧這是個還頗有人情味的傳統社區，左鄰右舍也就隨時將多餘的食物施捨給這家人。特別是姊姊，也許是照顧弟弟的緣故，儼然一副成熟小大人應對進退的舉止。

後來，《兒童福利法》頒布了。依新的法令，這對姊弟是屬於兒童虐待中的兒童情感忽略，也就安置到寄養家庭中。姊姊的眼神起初冷漠而疏遠，沒多久就開始黏著寄養媽媽。有一次，寄養父母喝喜酒外出，回到家時竟然發現她打開大門，一個人趴在地上，可能是等太久而睡著了。

依鮑比的講法，這是從小被剝奪父母而親情經驗不足的小孩，他對親情的渴望必然會再次喚醒而重新產生依戀關係。他指的是小孩子和任何給他足夠關懷的大人之間的關係。然而，成長以後的愛情中，所謂的嫉妒，不也同樣是再次喚醒的依戀關係嗎？

果眞如此，失戀也就成爲一種重要的成長過程了。鮑比認爲這一切的依戀，隨著成長的適當挫折，開始逐漸脫離。這些挫折也許是令人難過的，卻也教會了一個人獨立存在的能力。在成長之後，如果戀愛是再次復活的依戀，失戀不就是那種應有的挫折？

對鮑比的觀察而言，這挫折必然是多數地重複出現；這是不是也意味著我們要有多次的失戀經驗，才可能學會去適當地愛一個人呢？

嫉羨鼓勵了彼此的成長？

當然，在我們的生活中，嫉妒這個字眼並非侷限在三角關係中才得以發生的。

三角關係中的嫉妒，是接近英文jealousy這個字的意義。然而，在三角關係以外的嫉妒，恐怕是更接近嫉羨（envy）的含意了。

德國社會學者舍克（Helmut Schoeck, 1922-93）聞名的著作《嫉妒和社會》（時報文化出版），所提到的嫉妒（der Neid），恐怕是較接近嫉羨的嫉妒了。他說，人是身爲一個嫉妒者的，「每當兩個人能夠相互進行比較的時候，這個問題就會自然而然地產生出來。」

這樣的嫉羨，其實也是另一種占有欲望。譬如我們都知道在男性文化裡，都有一種「鄰居的妻子永遠比較好」的現象。這種情形乍看也是愛情相關的人際問題，卻是全然不同於前述的嫉妒。

戀愛中的嫉妒是對眼前愛人可能消失的不安，唯有完全的占有（偏偏這經常是不可能的），才可以贏過想像中的第三者。「鄰居之妻」則是攻城掠地無限擴張，是追求占有的物質不斷累積的過程。

有趣的是，不論西方或台灣的文化背景，戀愛中發生適當的嫉妒是被鼓勵的，而以占有的量爲主的嫉羨，卻是在道德上遭到貶抑的。

在戀愛的過程中，「吃醋」是一項很重要的儀式，是確定愛情的誠懇程度所需不斷展現的階段性功課。因此，這一範圍內，嫉妒不只是被鼓勵的，是不違反道德的，也是一種必要的存在。

然而，從小時候的教育開始，「嫉羨」一直都被視爲道德上的瑕疵。一個小孩子盯著鄰居手上的棒棒糖，幾乎都快要流口水了，必然會遭到父母憤怒的一巴掌，說：「見笑死了！」嫉羨不僅是摩西十誡中所再三勸誡的，也是任何文化所不允許的。

但是，道德上的阻攔果眞可以令嫉羨的情緒得以消除嗎？舍克反而提出另外的觀點，認爲被視爲道德瑕疵的嫉羨反而是人類進步的普遍動力。

我還記得自己從南部到台北讀書的模樣。當時，對台北同學自然自在的言談舉止，甚至是帶點捲舌兒音的標準國語，簡直是羨慕極了。因爲這樣的嫉羨，反而啓發了自己的好勝心。

如果，當初來到台北，沒有了這股嫉羨，恐怕就無法在這個陌生的城市生存下來了。難怪舍克說：「在一個社會裡，如果人們之間不存在嫉妒，那麼這個社會就無法存在下去了。」

然而，回到最初那位爲情所困的年輕個案，我們能不能說，嫉妒既是毀滅性或破壞性的，而嫉羨是建設性的呢？

這樣的結論，勢必因爲過度簡化而矛盾層出不窮。譬如兩國之間的武力裝備競賽，不也是一種促進「進步」的嫉羨而引起的競爭？

只是在我們的社會裡，嫉妒是被歌頌的，如《奧賽羅》那種不安全感的猜忌，那種完全占有的欲望，成爲千古謳歌的愛情傳奇，甚至是人們的愛情典範。

嫉妒是要求對方停止不動，卻在我們的社會獲得歌頌的讚賞；而嫉羨是鼓勵彼此的成長的，卻充滿道德上的羞恥感。

也許這一切重重的矛盾，將社會變得更形複雜之餘，其實也是人類情感教人著迷的原因吧。

背叛。

尋找被遺忘的傷口

被背叛的感覺也許是極其難過，
但能夠擁有這種感覺卻是幸福的。
遭到背叛，表示曾經有過一段值得信賴的愛的關係啊。

怎麼討論背叛呢，一個太通俗的話題？

我問起一位輔導界的朋友，在他新竹的家裡。他笑著說，太多個案都是激烈的背叛故事。我腦海裡一下子浮現了許多過去熟悉的面貌，反而找不到印象最深刻的了。

深夜的新竹，省道上的車輛和店家還是熱鬧非凡的。我搭上回台北的高速公路巴士，相當舒適寬敞的座椅，可惜沒有夜間照明的設備。原本打算在車上看一位朋友的小說稿，巴士上了高速公路就陷入了黑暗，索性仔細想想自己臨床上遇見的背叛故事。

每個人都有背叛的故事

在門診裡，在輔導室，背叛或被背叛永遠不是一個診斷名稱，卻是太多人生故事的重要轉捩點。

一位厭食症的個案，談起了向來寵愛她的父親，在國中時，忽然向全家人宣布要追求自己的自由，從此就離家獨居了。

這是一個太遲的背叛。在成長過程裡，我們都曾經有過擁有整個世界的錯覺。因此，隨著父母的忙碌，隨著兄弟姊妹的出現，我們開始發現寵愛我們的父母竟不是全然屬於自己的，甚至自己在父母心目中的排位不再是最高位，背叛的感覺也就逐漸證實而湧現，沮喪和憤怒於是波濤般湧來，幾乎淹沒了我們的呼吸。

這應該是什麼時候出現的？三歲、五歲，還是十歲？

我搜索自己的記憶，幾乎無法喚起任何這階段被背叛的體會，隱隱約約卻有一個印象，是屬於幼稚園以前的。

我很肯定這個記憶的發生時間，是因爲上幼稚園的那一年，也同時搬家了。然而這個記憶卻是屬於舊家的，在日本式的榻榻米上，睡夢中忽然驚慌地醒過來，媽媽急忙跑過來安慰。四歲左右的我，十分絕望地哭著，說媽媽和哥哥、姊姊要去外婆家，怎麼不讓我一起去呢？母親很不解地表示，沒有人要去外婆家呀，幹嘛哭得這麼傷心呢？

隨著自己的絕望平靜下來，才隱隱約約知道一切。或者，在嚎啕的哭泣中，逐漸發覺原來去外婆家一事只是夢裡的情節，絕望的情緒才有點不好意思地平靜了。

在日後讀精神分析，開始習慣性地自我分析時，面對這個難得倖存的童年記憶，我最先想到的是那時候的自己也許是剛剛開始能夠區辨夢和現實的差異。甚至，也許是將夢境錯當成現實所帶來的羞愧感，讓自己不得不懲罰自己，以至於永遠保留了這個丟臉的記憶。

遺忘的傷口更痛

然而，留下的記憶永遠都是殘缺的，消失的部分反而傷害更深。因爲無法承受而索性遺忘。

也許，記住了這個夢，其實是要掩飾我更深的遺忘。譬如，夢的情節裡，自己遭遺棄和背叛的感覺，恐怕還有更多激烈的劇情。

在三、五歲的那個階段，父母經常描述的我，是相當蠻橫而難管教的。可能因爲拒絕離開媽媽經營的書店，拒絕爸爸強行帶我回家，就在半路上，當爸爸的腳踏車還急急前進時，小小的個子就從後座跳下來，跑回書店去。或者，一個人跟著電影廣告三輪車跑掉了。或者，在書店裡，霸占著所有剛送來的新出版漫畫書，堅持不讓媽媽租給顧客。

這一切記憶幾乎是不存在的，反而是成長以後別人告訴我的。通常是和母親聊天聽來的，偶爾也有別人，譬如當年租漫畫的顧客，他們會說：原來你就是那位愛搶漫畫的小孩啊！

但是，這些記憶都是後來才被補充的，我卻全忘了。勉強有印象的，也許是自己走失以後，一個人在路旁玩沙堆的場景。

只是，爲什麼別人印象深刻的過去，我卻一點記憶也沒有？反而，我那個教自己傷心欲絕的夢，問遍家人，卻沒人記得？也許，不只是懂得區分夢和現實，不只是對這種混淆的羞愧感，可能還有更不容易說出口的情緒吧！

在我四歲那一年，弟弟出生了。這個夢的記憶，是不是就發生在那以後呢？

甚至，那些蠻橫的行爲，其實就是當時的絕望帶來的反應？也許，不一定跟弟弟的出生有關。但是，至少，父母親不再屬於我一個人的，或者說，世界不再屬於我指揮了。那種被背叛的感覺，是強烈地發生了。

那一個夢的記憶，也許只是徵兆，是巨大傷口留下的唯一痕跡。

在臨床的工作裡，經常遇到父母們苦惱地問起，老二出生以後，老大忽然變得很幼稚、依賴、沒安全感，甚至又開始尿床了。站在心理學客觀觀察的角度，很容易就指出這只是安全感的暫時喪失，不必擔心，自然就度過了。然而，從小孩主觀的世界來看，也許一場教人絕望欲死的被背叛經驗正發生著呢！

走出被背叛的生命傷痕

不過，也因爲這種被背叛的經驗，這種一而再的適時傷害，成長就開始發生了。

我的厭食症個案是太幸運了。在她的童年時，擁有一個將全世界都給她的父母，會在生日時邀全班同學來家裡聚會，讓她覺得自己是永遠的公主。父母是屬於她的。因爲父母屬於她，透過父母，世界也就可以永遠聽她的指揮。

然而，她的幸運又成爲她的不幸。

她擁有這個世界，而且是幸運地擁有到國中階段。不幸的是，不可避免的背叛經驗還是發生了。更不幸的是，她是十四歲，不是四歲，以至於失去了遺忘這一切痛苦記憶的能力。被背叛的感覺永遠跟隨著她，想要再次掌握世界的欲望也永遠跟著她。

讓自己厭食，讓身上的肌肉消失，而身骸像幽靈一般消瘦，也就成爲一種期待中的生活方式，因爲可以滿足別人盼望她與衆不同的期待。可以控制自己的身體，至少證明了自己還可能控制整個世界。而讓自己消瘦如幽靈，讓任何男性都不會想愛她，至少就不會再次遭到背叛。至於屬於她周邊的人，包括離異的父母，包括老師同學，都因爲她的虛弱而更擔心，因爲擔心而更順從她。於是，透過厭食，她又再次回到以往掌握著這世界的美好感覺了。

厭食症，以隨時瀕臨營養不良而死亡的狀態，成爲繼續擁有自己所期待的方式而活下去的唯一選擇。

在一次團體治療的工作坊裡，我忍不住講了一句：被背叛的感覺也許是極其難過，但能夠擁有這種感覺卻是幸福的。我指的是說，恐怕擁有被背叛的沮喪，才果眞發生過一場全心投入的愛情。

工作坊的會談裡，我一直努力搜索自己被背叛的經驗，忽然有個想法：隨著年齡的增長而越來越缺乏這類的經驗。適時的被背叛經驗，使我們成長；但是，至於對我而言，似乎也失去戀愛的能力了。

工作坊的夥伴忍不住指出，爲什麼我好幾次提到想戀愛的欲望呢？我想，不是可否尋找到對象的問題，也不是生活太忙碌而想輕鬆一點，而是發覺自己其實是想走出來，走出從這種被背叛的經驗而成長而學會痳木而失去愛的能力的一連串生命傷痕吧。因此，也許我應該繼續去尋找那些被我遺忘的被背叛傷口吧。

適時的被背叛，教我們得以成長，得以害怕依賴而學會獨立。然而，太早或太晚發生的被背叛經驗，卻是悲劇的來源。

打開報紙，又看見了一則背叛的悲劇。一位男大學生，將回來取衣物的分手女友關起來，潑汽油一起自焚而死了。

我可以想見，這位男孩不是從小太受寵，就是太早被迫獨立，以致對於任何好不容易出現的愛，幾乎是緊抓住不放。

悲劇，於是發生了。

憤怒。

暴雨將至

憤怒，也許是十分動物性的情緒，似乎也是面對各種生命弱勢情境時，對自己的前途不願意放棄的唯一辦法。

這已經是好久以前了，昔日的孩童都已經成了大學畢業生。當年的遊行，可能是他們第一次參加這樣的聚會，也許也是已經深入意識深處的記憶吧。

那是一九九七年，由彭婉如基金會爲了白曉燕被綁架撕票案，而發起以婦女、兒童人身安全爲主軸的「五〇四悼曉燕，爲台灣而走大遊行」中，我和大哥家人也走在兩萬人的行列中。當時才上國小的姪兒也舉著對他稍顯沉重的抗議木板。他挑了大字的「悲」，然後將另一牌子推給我，表示那個標語他不喜歡：「憤怒」。

年幼的姪女走沒多久，就頻頻打呵欠了，哥哥嫂嫂只好帶她先離去。沒多久，姪兒也嫌木板太重了，就把「悲」送給另一位陌生的叔叔。最後只剩下「憤怒」，陪著我們兩個人愉悅地漫步著。

兩個人走在遊行的行列裡，覺得口渴了，快快跑到行列前頭，找到一家 7-11，搶先買了飲料，就坐在路旁喝起來。我們兩個人一大一小，看著好像永遠走不完的遊行隊伍，雖然偶爾亢奮地跟著喊兩聲「下台」的口號，大部分卻是興奮地談直排輪的溜法，或是最近上映的卡通片。偶爾，指指我們剩下的唯一看板，說：「爲什麼不喜歡『憤怒』呢？」

那時的我，其實早就預料姪兒是說不出所以然的。然而，縱然無法用語言清楚分析，他卻是直覺地感受到了，至少，在「悲」和「憤怒」之間，後者喻含著更多不悅的情緒。

憤怒，受汙名化的情緒

憤怒對我們的文化而言，往往意味著相當多的負面意義。它是非理性的，是情緒化的反應，自然不是社會推崇的理性人所應該有的。它是破壞性的，往往摧毀了對方也毀了自己，幾乎是生命中的最後手段了。同樣的，它是最不愉悅的經驗，不論是發怒的、被發怒的，或是在一邊旁觀的其他人，幾乎都是寧可以遺忘或假裝沒發生的方式，來快快度過這一場暴風雨。

於是，比起「悲」在內的許多情緒，憤怒是我們生命經驗中，最受到汙名化的情緒之一，也是最教人懼怕的。也許就是這雙重的文化意涵，年紀才八、九歲的姪兒，都能直覺地抗拒了。

早在一八七二年，達爾文發表《物種原始》之後，又出版了《人及動物之表情》（*The Expression of the Emotion in Man and Animals*）。他分析人和動物表情的同異，在八項特殊表情中，逐一討論人種之間的共同性，乃至於從人類和動物之間的同異性來討論演化的關係。

他所討論的第五項情緒——怨恨和憤怒，就是這樣結尾著：「就這些表情而言，不論是遊戲的冷笑，或是激動的獰吼，都是人類重要的珍奇之一，這也顯示了人類是從動物演化來的。」他說，譬如我們與敵人決一死鬥，意圖咬住對方時，必然像動物一般，用犬齒狠狠噬咬。就算不到咬人的程度，也許只是冷笑，或是反抗別人輕侮時，雖然已經不再咬人，卻還是會露出牙齒。

雖然達爾文不是心理學家，而是生物學家，但是他這本著作和另一本《幼兒生活紀錄》，卻都是觀察他長子成長的過程，逐日記錄表情進化的結果。就某一程度而言，不同的情緒也許屬於不同的進化或成長階段，譬如幽默，恐怕就是最後層次的結果。

但是，這樣的進化順序就代表著優劣順序嗎？這是達爾文的理論被某些後學轉化成社會達爾文主義以後，最受詬病的推論之一。

在我們的文化裡，也儼然存在著這種普遍的偏見，認為憤怒就是低等的情緒反應。似乎，憤怒就等於沒修養，甚至就等於是壞人。

上個世紀末，EQ的觀念忽然出現，從一種時髦的玩意變成我們現在生活的習慣用語，連藝人主持的電視綜藝節目或名嘴湊成的政論節目，也都以「EQ零蛋」來消遣來客或政治人物了。我遇見一位朋友，他說，其實所謂的EQ，也不過就是「控制憤怒、延遲滿足」八個字罷了。當時我爲之一怔：這跟我理解的EQ不同；憤怒，眞的需要去控制嗎？

深沉無力的困獸反動

關於憤怒，我有一次特別的經驗。

更早以前的一九九五年七月，我和友人到希臘旅行。就像很多去愛琴海的朋友，我們在離開前也不免俗地在雅典的跳蚤市場購買小禮物。每位老闆都會友善地搭訕，然後就說：「Taiwan, good, computer.」原來對當年的希臘小商人而言，來自台灣的電腦就是最好的品質保證。我和朋友自然覺得飄飄然，得意十足。

到了另一家店，除了提到了電腦，這位老闆更是興奮地說：「Your politicians, great!」然後就揮臂比畫起來了。我們立刻明白他指的是那些年台灣立法院的打架畫面，原來經由衛星的傳播，連希臘都看到了，不覺十分困窘，甚至極其不悅了。

這時，這位英語十分破的希臘老闆繼續亢奮說著：「Your politicians, fighting; our politicians, only talking,」然後無奈皺皺眉頭，加重語氣說：「talking, talking, just talking.」

這時，我們才發覺他果眞是誇讚，認爲台灣立法院的打架遠遠勝過希臘國會彬彬有禮的檯面話。

難道是希臘人較不野蠻嗎？當然，這個推論是不容易成立的。這讓我聯想到中文的一句成語：「困獸之鬥」。「困獸之鬥」所觀察到的，不只是成語習慣的現象描述，也是生命個體之間的互動模式。

在一般的情況之下，我們所描述的情緒，往往是指兩者平等或幾近平等的人際關係。所謂的禮貌、應對進退、風度或ＥＱ等等，其實都是在這種權力幾近平等的基礎上。

於是，我們會說：「有話好好溝通嘛，不要生氣。」

然而，如果兩方的地位差距太懸殊了，弱勢的一方陷入了無計可施的困境，恐怕也就僅剩兩種選擇了；不是坐以待斃，就是進行一場最後的困獸之鬥。

憤怒，也許是十分動物性的情緒，似乎也是面對各種生命弱勢情境時，對自己的前途不願意放棄的唯一辦法。

在一九九七年五〇四遊行的兩萬人，到五一八遊行的四萬人就已經十分驚人；二〇一三年三月反核竟然是十多萬人。這一切的憤怒，恐怕只是社會結構最深沉，也是無力感的最後表現吧。

憤怒是壓力長期累積的最後結果。單一的白曉燕遭撕票事件，或四座核電廠的去留，是不會引起這股強烈情緒的。而是長久以來，太多令人氣餒和不安的氣氛，日益加深地籠罩在我們的周遭。

檢視自戀之怒下的傷口

然而，全然不同於這種絕望之怒的，是自戀的憤怒（narcissistic rage）。這是精神分析者柯赫（H. Kohut）提出來的，認爲只要是碰觸到一個人潛抑的致命傷，即使是芝痲小事，都足以引起勃然大怒。

一九九七年五〇四遊行之後，李登輝前總統召開了記者會。原本姿態高高在上、對任何問題都談笑用兵的李前總統，聽到某位記者問起鴻禧山莊一事時，表情立刻顯露出掩藏不住的怒氣。同樣的二〇一三年，向來自許風度甚佳的馬英九總統，也默許地讓官員擅自取消與民間媽媽們的核電對話。

中文的用詞裡，所謂的「勃然大怒」或「拂袖而去」，其實指的都是這一類的憤怒。

在每個人心目中，都有著自我的完美期待，也就是或輕或重的自戀情結。然而任何人的完美期待，總是永遠有著自己不太能夠正視的缺憾。當缺憾的傷口一旦稍稍被觸及，所有痛楚立即湧上，幾乎在同一時刻，憤怒的情緒也發生了，用最強烈的情緒，以最快的速度，潛抑或壓抑掉最不愉快的疤痕。

然而，究竟怎麼回事呢，這小小的傷痕竟然可以引起如此巨大的情緒？古代的君王，往往有「一怒爲紅顏」的「差錯」，恐怕是因爲所謂的君王其實是建立在極端強調的男性氣概上，而愛妾的失去就代表著他的男性（君王）神話的瓦解，自然就是「一怒爲紅顏」了。這全然是自戀，絕非是後人穿鑿附會的偉大愛情。

同樣的，現代君王如李前總統或馬英九總統者，聖人一般的道德和超人一般的能力，一直都是新的完美情結。然而，一旦稍稍遭到否認所發出的憤怒，恐怕自己事後都覺得不可思議吧。

這樣的憤怒，可以暫時潛抑一切不愉快，然而，傷疤還是依舊存在的。更理想的方式，應該是仔細去瞧瞧自己究竟怎麼回事了，爲什麼特別在乎這件小小的傷口？

當憤怒的情緒勃然而出時，也許是不容易當下控制的。我們可以假裝一切沒發生，繼續生活；然而我們也唯有感謝這樣的憤怒，才有機會看見自己隱藏許久的傷口。

我們不只應該感謝憤怒，甚至也應該感謝挑起了傷口的對方。有趣的是，最常激起我們這種自戀之怒的，往往是自己最熟悉或最親密的人。這究竟是爲什麼呢？也許，我們都該好好想一想。

在一次和朋友聊天時，我不經意提起「感激任何帶給我憤怒的人事物」，我說：「有時，太久沒有憤怒了，反而我會害怕。我會害怕自己是否開始麻木不仁了。」因爲，唯有憤怒，我們得以在剎那間窺見自己的潛意識。

然而，如果不再憤怒，另一種恐懼便是我們失去了期待。當我們的立法院越來越文明，越來越多的協商，我們的政黨卻也越來越沒有理想性，離人民越來越遠了。

憂鬱。

憂鬱的醫生，想飛……

憂鬱並不全然是負面意義的。

在王維的詩中，情境是孤獨一人，卻不全然的孤立，他的孤單擁有一個自得其情的空間。

然而，一旦所處的空間不再是自己選擇的，負面的情緒也就源源不絕了。

衝下了計程車，已經晚上一點多了。悄悄關上房門，我告訴自己，要快點收拾行李，明天我就要出發到羅馬了。

眞的是太晚了。太多的意外狀況出現，不斷在記事本上排擠到原先的行程，到最後只能偷竊睡眠的時間。

想想看，單單這一天又發生了多少事。前一天，一位好友因爲癌症去世了。急轉直下的病情，簡直是難以相信的變化，直到此刻，都還是有朋友不斷打電話來確認這一件事。白天的上班工作，我在電話干擾中，終於完成了。

到了晚上，去參加一個聚會，評估政府某個新政策的影響。不同團體且不同背景的十多個人，逐漸瞭解到這一系列政策可能將社會福利加以市場化而帶來弊端。聚會中，隱隱約約有一股不滿的情緒正流動著。

一天就這樣過去了。在哀傷、亢奮、憤怒和急迫之間。

放下效率，靜享上癮的低鬱氛圍

行李箱簡單地張開，基本的衣物和國外朋友託帶的書籍，我一個人坐在地板上，發現一切都準備好了。

太有效率了。

忽然，一切安靜下來。隱約有絲奇怪的感覺，對這一切迅速的動作開始有所疑惑。怎麼回事呢，我失去了出國的快樂心情？甚至，對朋友去世的悲傷和對社會不公的憤怒，也全都因爲強大效率的追求所帶來壓力下，暫時冰凍一旁了。

扯下來棄置一旁的感覺不僅是這一切；剛剛進入房間裡就打開的音樂，似乎也停留在耳膜之間。

每一次沖澡都是音樂

一如水的循環一旦停止
我的憂鬱於是蔓延。

希臘年輕女詩人嫚塔（Dimitra Manda）的情詩，我向來喜歡的女歌手尤娜多絲（Anglígue Ionatos）所吟唱的。可是，此時，即使是這一切喜歡的、美好的音樂，除非將效率追求所帶來的禁錮消除了，否則這一切幾乎像是不存在。

我將自己的生理放鬆下來，開始去感受歌聲的豐沛情感包括了蔓延開來的憂鬱。音響這樣地繼續唱著：

這道路邁向海洋
穿過你的紅豔天竺葵
和農園裡的純白看板。

你將自己的名字寫在
風中的白輪上
讓風帶走一切，而拋進
這一廣闊的海。
而我，透過七封信
緊緊抓住你的消息
隨著海浪的節奏
起舞。

詩是抵抗時間壓迫的最有效武器之一。

我在出門的行李包，總是放置著一本薄薄的詩集，讓自己在飛機上或火車上，永遠有著讓自己享受到一切安靜、緩慢下來的妙方。

然而，如果時間的壓迫和效率的要求消失了，靜靜閉上眼後，終於放慢的節奏卻引來了遙遠的憂鬱感，而且是可能上癮的低鬱氛圍：

獨坐幽篁裡，
彈琴復長嘯；
深林人不知，
明月來相照。

憂鬱並不全然是負面意義的。王維寫這首詩時，整個情境是孤獨一人的，卻不全然的孤立。他還擁有明月，擁有自己的聲音，以及聲音內的情感，也就是說，他的孤單擁有一個自得其情的空間。

一旦所處的空間不再是自己選擇的，負面的情緒也就源源不絕了。

被迫退出人生戰場的沮喪

朋友去世的前兩天，我接到他妻子驚慌的電話。待下班趕去時，他們已經從某一精舍轉到醫學中心了，主治的大夫拉著他妻子悄悄私語，原來是認爲來日不長。我們都覺得太突然了，應該不可能如此匆匆。尤其朋友本身，向來價值觀剛正不阿，自己的個性也充滿了戰鬥的氣息。然而，才四十四歲而已，發現胃癌才兩個月，一切要他安心接受實在太不可能了。

我們試著交談，就在他的病榻旁。雖然一切只存在於恍惚之間偶然清醒的片刻，我卻是強烈地感覺到他的不甘心和沮喪。而這一切的不愉快，是可以理解的。

我終於明白兩個月前剛剛知道他得病時，建議他看《西藏生死書》之類的書籍，其實是徒然的舉動。

他不像王維，自己選擇了幽篁；他是被迫從人生的戰場拉下來的。甚至，在這樣情況下，不知道爲什麼，他的沮喪也教我們恐懼了。所有的建議或幫助，包括尋找醫院或宗教的大師，包括一些書籍，其實都是讓自己和恐懼保持距離的自我保護反應。

像《西藏生死書》這樣，對於自我，它所傳遞的是對自我之無常的甘願，甚至是領悟、接受和享受。然而，這一切感受的前提是要我們自己做的選擇。

只要是我們自己做的選擇，也許是王維般自戀式的自我存在，也許是佛學所強調的無我，都沒有沮喪的伴隨。

然而，在平常的生活裡，在不自覺的生命轉折裡，太多的處境讓我們的自我受損了。也許是爲了周遭的環境、家庭或工作等等，自我消失了；也許是自己或別人對自我的否認，包括批評、誤會或缺乏信心等，也許只是因爲其他因素，我們不得不放棄對自我的要求。

英國精神分析大師梅蘭妮・克萊恩（Melanie Klein）在人的成長間，

觀察到這一點的不可避免。

在嬰兒自我意識隨著發展而開始轉化，當它知道這世界還有著非我族類時，驚懼和猜疑也就隨之而起。這是克萊恩所指的「猜忌—分裂位置」（paranoid-schizoid position）。

然而，它發覺不只是充滿了非我族類，甚至連對象是否友善都無法判斷，自我的前途原來是受他人左右的，沮喪的情緒也就油然而生了。這是克萊恩所指的「憂鬱位置」（depressive position）。

依克萊恩的說法，這兩個位置永遠深藏在我們內心深處。即使多年以後，嬰兒早已長成昂然身軀的男人，也可能是功成名就的社會人了，這些位置依然會時常再次浮現。

至於王維獨坐幽篁式的自在，也就是在主動的情境下，自我可以擁有自己的空間，回到完滿自戀的狀態。而佛學所教導我們的，卻是複雜許多了。一方面是如何將客觀世界所包圍的生命經驗，因每個人主觀經驗的再現，而視之為「無常」；一方面又因為質疑這一切自我的必要，而稱其「無我」。

只是，這一切領悟往往僅止於智識層面的。一旦在生活中眞正的考驗出現了，往往就印證了這一切領悟的侷限性。

即使是現在的我，振筆疾書，從精神分析或佛理角度，彷若徹悟般地解釋這一切，還是經常陷入了漫長的憂鬱。有趣的是，對於自己沮喪或憂鬱的察覺，往往是事後才可以眞實體會；身處其境時，卻是無法感覺而理所當然地否認。

午夜裡甦醒的憂鬱

高中時代，曾經看過叢甦短短的一篇小說〈想飛〉，關於飛翔的自殺欲望。在二十世紀將結束時，我自己在職業上做了一個大轉變，自己以為一切考驗都想清楚了，也果眞順利完成了，但事後想起來，在結束舊日子前的那幾個月，幾乎經常站立在高樓上的宿舍窗台，腦海中不斷浮現飛翔的意念，甚至幾乎感受到肉體觸及地面水泥的感覺。當時只是耽溺在這樣的憂愁裡，以為只是一種浪漫的離愁罷了；事後，待生活再安頓下來時，才發覺原來自己剛剛經歷了一場漫長的憂鬱。

也許，幸虧自己永遠不可能是自己的完美分析師，反而能繼續享受這一切即使可能驚險的生命變化。只是，這些情緒跌宕起伏雖然是永遠存在於生活中的，生命本身一旦因為忙碌而失去了足夠感覺到空閒的時間時，對一切的感覺終究還是消失了。

我聽著音樂，所有的感動又在自己緩慢的沉思裡，逐一地甦醒了，尤娜多絲繼續唱著：

你巨碩的雙手

掌握了我的日子
而我追隨你穿過街巷
沒有休息的星期天
因為你是風，來自他處的
從來不曾定居的存在。

在台灣，在香港，在上海，在每一個都市化的地區，急迫的生活讓我們不必有感覺了。我們只是讓效率、忙碌和勤勞所掌握，不自覺地追隨著，以爲自己沒有沮喪也沒有悲傷，甚至是充滿陽光般的希望。然而，一旦生命靈魂安靜下來了，譬如午夜醒來，你不再急急催自己入睡，而是忽然自問：「近來，自己還好嗎？」

一切的沮喪和悲傷，忽然崩潰。

疏離。

人潮陷落在黑夜中

每個人都是特有而獨立的存在，每個人之間永遠都有不可能到達的距離，
每個人都是和這個社會格格不入的，距離或疏離，異化或異形，
其實就這樣結結實實地發生在我們生命的肌膚深層。

九〇年代，在台北這個城市，當信義區的夜生活還沒出現時，人潮徘徊最晚的一條大街恐怕是林森北路吧。記得那時經常是在看完了子夜場的電影後，散步走過欣欣百貨公司騎樓下，數個地攤才正要整齊展現他們新添購的貨色。

有一次，我和朋友去看的電影是王家衛的《春光乍洩》。很棒的電影，可惜首輪院線沒幾天就下片了，只剩那時還叫做東光的戲院，也就是現在的欣欣戲院，還放映著。當時片商還是很積極地推動這部片子，包括一些奇怪的遊戲，譬如我們爲了省下一張票的錢，就要在買票時，喊那句指定的口令：「讓我們重新開始吧！」

讓「我們」重新開始？我站在售票口，忽然不曉得到底是指我和售票小姐，還是我和朋友？還是指電影裡的梁朝偉和張國榮呢？一股荒謬的困窘，自然湧上。

電影院外，深夜裡遊蕩的熱鬧有些寂寥，甚至偶爾出現這類疏離的荒謬。電影院內，銀幕上演出的是兩個永遠沒法在一起的親愛靈魂，飄晃在南半球的拉丁城市，而故鄉在遙遠的地球另一端。

香港王家衛的電影，一直都處理著人們相處的種種困境，這情形和台灣電影導演裡楊德昌和蔡明亮有些類似，雖然彼此的手法迥異。這種不約而同的現象，教人不禁聯想：究竟包括台灣在內的世界各地華人社會，在同時之間，發生了怎樣的改變？

「讓我們重新開始吧」，這句話並不一定保證果真可以重新開始，但是，至少證明兩個人都承認是曾經發生過分離了。會不會在台灣或香港這樣的繁華社會裡，在你和我之間，在任何關係的人與人之間，越來越不可避免的「分離」正在發生呢？

經濟成長下的無奈距離

平日的工作裡，我坐在門診間，傾聽個案的故事，幾乎每次都忍不住想起家庭治療大師米紐慶（Salvador Minuchin）的話：「改變，是由社會延伸到家庭，而不是由一個單位延伸至大團體。」家庭終究是要配合著歷史情境來改變的，而不是一成不變的同一套價値觀或運作模式。

一位男性個案談起了他失業以後的種種沮喪，忍不住回頭責備陪同來的太太，數落她當初不智的阻撓。原來，當年公司是要派他去東南亞新廠的，可是太太不放心可能發生的家庭問題，包括二奶這一類的外遇和青少年子女的教育，也就阻斷了他再一次升遷的機會，甚至後來因台灣的原廠裁撤而離職了。

這類的故事，每一位主角的情節都有著他或她的獨特性。只是一旦將個人的問題放回到家庭裡思考，有些似曾相識的感覺又跑出來了。

我們總愛說華人社會的特性是以家族爲單位的，或是說中國人的性格是建立在各種人際關係上。然而，在台灣也好，在世界各地也好，維持一個家庭生活的成本是日益提高了。從一個家庭最基本企求的住屋，就可以看出這個迅速成長的可怕成本。一對白手起家的夫妻，如果想擁有自己的房子，必然要兩個人都要外出工作，甚至要兼兩份工作，而且可能還要因爲經濟緣故而遲延了生育小孩的意念。甚至可能像這位男性個案一樣，必須陷入一個弔詭：在「爲了維持家庭而遠離家庭」與「爲了留在家庭而失去家庭或失去自我」之間，做一個無奈的選擇。

維持一個家庭的經濟越來越艱難，不事生產的多餘人口（譬如老人或罹患慢性病的家人）也就悄然地被移出了家庭之外；甚至，在我們的一生之中，允許空閒下來的時光也越來越減短而匆忙。於是，我們依然活著，彼此之間的距離，卻是不得不拉大了。

「疏離」，現代人的典型人際關係，恐怕也是因應著台灣這樣的經濟成長而發生的吧。

距離・疏離・異化・異形

疏離這個字的意思，可以從幾個層面來理解，而且彼此之間是相關的。第一個意思也就是前面提到的距離。生活成本的提高，使得一個家庭或一個團體成員之間的距離自然就加大了。我們對家庭的認同感，也隨著拉大的距離而逐漸削減。另一個意思是來自西方的字眼，譬如英文中的alienation，也就是說，個人的自我（personal-self）和家庭這樣的文化自我（cultural-self），兩者之間是不一致的。如果依馬克思的說法，則應譯成「異化」，也就是說人類隨著我們社會資本主義的越來越發達，也就越來越不具有自主的完整性了。

根據這派社會學家的說法，發生異化的不只是個人自我，必然也包括了家庭或文化的自我。當社會的種種條件持續變遷中，那些依然以相當懷舊的心情來要求恢復昔日面貌的道德提倡者，恐怕也只是將「美德」扭曲成另一套酷刑枷鎖罷了。對米紐慶這樣的社會取向的治療者而言，許多身心疾病的發生原本就是這一切時代裂縫的產物或犧牲品。

Alien另一個常用的意思，也就是一九七九年賣座轟動一時而後來又拍了好幾部續集的科幻電影的片名，台灣直接就翻譯成《異形》。異形指的是入侵的外星生命。它不只是入侵到人類的世界，甚至入侵到女主角的體內，孕育了依然高潮迭起的續集。

有趣的是，在中古時代，「異形」這個字早就出現了。在從前的西方世界裡，精神科醫師的指稱不是現在的「心靈醫療者」（psychiatrist），而是「異形專家」（alienist）。

中世紀的西方，比起同時代的中國，其實是來得封建許多。個人的自我是不被允許的。唯一能夠進行思考的存在的，就只有上帝。任何不是來自上帝旨意的思想，也就成為異端或異形了。於是，不論是意識層面上主動進行的不同教義的詮釋，或是無意識的運作所發生的精神疾病，在當時的眼光裡，都同樣是屬於異形或異端的範疇。

於是，這些不符合上帝唯一意志的「雜亂」存在，有些被處以焚刑了，譬如原本是民族英雄的聖女貞德，就這樣被宗教法庭所磔刑焚亡了；有些則是被終生拘禁在特有的空間。在這些為「異形」而設置的療養院工作的人，也就成為了「異形專家」。

然而，焚燒或拘禁卻制服不了這一切騷動的心靈。隨著資本主義的興起，這個代表著原來集體的唯一存在卻逐漸瓦解了。

如果依西方中世紀的眼光來看，現代社會裡這一切紛紛崛起的自我，恐怕全都是異端或異形之流吧。

只是，不論是距離或疏離、異化或異形，在這幾層乍看矛盾的解釋之間，其實是相互纏繞交織著。

疏離曝現在電影膠卷上

不論中西方，歷史上出現的傑出藝術創作者，其實是那個時代最先端的感應器。他們也許說不出清楚的道理或邏輯分析，卻最早感應到新的時代脈動。

一九九四年，當蔡明亮拍出《愛情萬歲》裡，當時台北市的都會生活中開始出現的人與人彼此疏離的現象，全曝現在膠卷的感光膜上了。每個人都是特有而獨立的存在，每個人之間永遠都有不可能到達的距離，每個人都是和這個社會格格不入的。距離或疏離，異化或異形，其實就這樣結結實實地發生在我們生命的肌膚深層。

這樣的情形，在二十世紀上半葉的西方世界曾經深刻地發生過，造就了許多現代主義的藝文成就。如今，在台灣或香港，或者其他類似的將已開發的第三世界裡，同樣的經驗似乎又發生。

在王家衛的電影裡，男主角雖然大聲喊著：「讓我們重新開始吧！」可是，所有的人，包括在劇情局外的觀衆，都已經深深明白：分離是必然的了。

戲院外的夜晚依然燈光熱鬧。走廊已開始吆喝生意的地攤，陳列的原來是來自世界各地的時髦衣物。我們走過其中，情緒還深深沉浸在電影的氛圍裡，有些絕望，又有些因為一場好戲而興奮。

人潮還是不見消退，子夜三點的電影依然吸引了無數的觀衆，也許他們是來看戲，也許擠在一起的感覺可以暫忘掉一切距離。

這些年來，經常我開著車從新生高架橋經過，忽然看見林森北路的熱鬧沉陷在無邊際的黑夜中，多年以前的印象又立刻浮現。彷彿是我童年曾遇見的記憶：深夜裡，黑漆漆的墳地有一場謝鬼神的戲正孤獨地搬演著。

愧疚。

懺悔的動物

媽媽對我跪下來了。那時我還是小學三、四年級吧，

也許果真慚愧極了。只是不知怎麼回事，

也許是自我保護心理吧，整個情緒麻痺了。

總之我落下的眼淚，可以確定比母親的還少。

難道，我像動物一樣殘忍，沒有愧疚的心情？

一位年輕的母親幾乎是氣急敗壞地拎著她的寶貝兒子，見面就激動地哭了：「醫生，怎麼辦？他才國小一年級就在家裡到處偷錢了？」那位清俊的小男生，兀自站在門診窗邊，朝外專注眺望，彷如一切置身事外。

我靜靜看著這母子的兩種極端反應，不禁想問這位母親說：「妳的童年呢？妳難道不曾因爲想擁有更多，而動手偷父母親的錢？」然而，我沒講，畢竟在孩子的面前談媽媽的「錯」，終究是有些可預測的反效果。

母親可能在乎的是孩子未來的品行，更有可能只是面子問題——也許是父親責備母親的無能；或是其他家族成員也知道了，而用責備醜聞一般的眼神令母親困窘吧。

然而，孩子只是有點逃避地站在一旁，沒有母親預期的慚愧的反應。反倒是母親爲了自己有這樣的孩子，而惱羞成怒了。

臉紅，人類特有的情緒反應

羞恥、慚愧、罪疚或汗顏，原本就是許多動物行為學家或人類心理學家所好奇的一種情緒反應。

因為《物種原始》一書的影響，經常被等同為「進化論」的達爾文，其實也是動物行為學的先驅。搭著小獵犬號而航海歸來以後，他一直足不出戶，據說是受困於某種異國的病症或是慢性纏身的神經衰弱。

待在家裡的他，還是一樣思考和沉寂。據他的傳記所言，影響日後心理學和動物行為學甚鉅的《人及動物之表情》，也就是自自己的長子出生以後，從他身上所累積的持久觀察紀錄。關於這一點，教人想到二十世紀現代心理學大師皮亞傑（J. Piaget），同樣也是觀察自己孩子的成長，說不定也是受達爾文的啓示吧。只不過，皮亞傑的觀察著重智性的發展，而達爾文卻是以情感發展為主。

在達爾文分成八類的表情中，羞恥、慚愧等臉紅反應，是放到最後一項來談的。這樣的安排，對一向執著進化論的達爾文是有著刻意的企圖。他說：「臉紅是所有表情中最奇特，而且是最屬於人性特有的。」在動物中，大概只有猿猴會因爲發情而皮膚發紅。然而，「人們不能因物理手段……而臉紅。但是，唯有心理狀態卻是影響十足。」在人類的情緒反應中，包括憤怒、不悅、無力感、高興等，全都可以在相當數量的動物身上，也看到同樣的情緒反應；但只有臉紅，幾乎是人類獨有的，而且是自己無法理性控制，反而越注意越臉紅。

在達爾文時代，佛洛伊德等現代心理學大師還沒誕生；甚至，連心理學都還是不被正式承認的學科。他對臉紅現象的注意，固然有強烈的人類中心主義的企圖，想要證明人比動物的進化更複雜，也就更進一步指出人類臉紅的發展是以青年人爲巔峰，而嬰兒期和老年期則否。同樣的，他認爲智障者也沒有臉紅現象。也就是說，小孩子和智障者一樣，都是在人類成長中較低等的動物階段，也就和動物一樣沒有進步的臉紅現象了。

偷錢，另一種角度的成長

在門診裡，我面對著這位殷切的母親，理解她在家族中和同事之間的壓力；不得不要求自己孩子的完美，才能證明自己的母職是盡心做到，才不會覺得周邊親友的眼光是輕蔑的。

我問：「妳有沒有跟丈夫說起呢？他的童年又是怎麼度過的？」

我想起自己住在鄉下的童年，那時父親臥病兩年左右，全靠母親奔波家裡工廠內外雜事。那時，似乎零用錢永遠不夠花用，總忍不住偷偷尋找大大小小的銅板。

還記得那時候的住家已經搬到工廠旁邊了。陰黯的窗影，一個清楚的記憶畫面——自己悄悄地拉開廚房的抽屜，從媽媽淺藍珠子綴成的小皮包裡，提心吊膽地捏出一、兩個五角錢銅板。後來，膽子更大了，記憶中的這一隻手，開始伸入爸爸的西裝褲口袋裡。

當然，像大部分人的經驗一樣，必然是被發現而遭到一頓痛打。也許，那時母親要負責家庭內外工作吧，壓力特別大，發起脾氣來也就更歇斯底里了。我還記得她一邊痛哭，一邊用故鄉盛產的竹鞭抽打在我整個身體上，同時很悽慘地自責說：「家裡都這樣了，你怎麼還不學好？」甚至，更激動時，媽媽會哭著說：「爲什麼會這樣呢？媽媽求你好不好？」然後，果眞就跪下來了。

媽媽對我跪下來了。那時我還是小學三、四年級吧，也許果眞慚愧極了。只是不知怎麼回事，也許是自我保護心理吧，整個情緒麻痺了。總之我落下的眼淚，可以確定比母親的還少。

難道，我像動物一樣殘忍，沒有愧疚的心情？

心理學家拉札魯斯引用兩個學者的觀點，認爲罪疚的緣由可以從三方面思考。在精神分析方面，因為對源自童年恨和性衝動的無法接受，既害怕處罰又擔心失去父母的愛，於是產生的罪疚感。至於從發展來看，罪疚感是來自人的社會傾向，包括對別人痛苦的感同身受，隨著心理的成熟而發展的同理心。而認知心理則認為罪疚是認知問題而非源自早期童年，是成長後懂得冒犯規矩所造成的社會負面看法，才學會的。

如果依這些心理理論來看，當年的我有沒有愧疚之心呢？我想，當然是有的。只不過，那樣的年紀，對於外界的社會，特別是透過銅板可以擁有的世界，整個欲望太強烈了，羞愧之心也就被壓過了。

我在門診裡，試著讓這位焦慮的母親瞭解這一點。偷錢並不代表沒有羞愧感，不代表未來就會成為品行不良的人格。在國外的流行病學統計裡，一生中曾經有偷竊行為的，甚至高達百分之七十以上呢。

我告訴她，這種偶犯的偷錢行為，從另一個角度來看，反而是一件好事呢。孩子長大了，他開始想去看這個世界，想要擁有這個世界，這種欲望是自我成長的原動力，是心理繼續成熟健康發展的徵象。只是剛剛長大時，往往在一下子之間，除了金錢，他還沒想到任何方法罷了。

我還記得自己被欲望所凌駕的羞恥心，其實是十分遲緩發展的。到了小學六年級，已經是個在班上功課名列前茅、也經常上台領獎的風光人物，卻還是十分貪玩。經常，擔任級任的年輕老師，要同學將教室的桌椅搬開，空出一大塊空間，罰沒交功課的學生繞著教室爬行。而我就夾在這一群所謂的壞學生裡，一樣地低頭爬著，卻是一點慚愧都沒，還偶爾偷偷做鬼臉呢。

直到有一天，剛好低年級的弟弟來找我，當場目瞪口呆了，自己的羞愧心才慢慢激起。也許，倒不是擔心回家又要挨打，而是覺得自己當哥哥的，反而連累弟弟抬不起頭。

我繼續告訴這位逐漸心平氣和的媽媽，等孩子長大了，他覺得這世界的樂趣是來自更廣泛的領域，這一切行爲就會逐漸消失了。千萬不要只看到他的偷竊行爲，也要欣賞和肯定他旺盛的生命力所帶來的好奇心呀。

道德，無關膚色與種族

達爾文關心的是人之所以不同於動物。但是，對於臉紅問題，倒是還有一個插曲——他注意到不同膚色的異同。當時的殖民帝國時代，白種人優越感凌駕一切，西方學者專家們紛紛尋找所謂「客觀的證據」，道德的發展也就成爲一個爭議的焦點。

達爾文引用了別人的報導，特別談論了中國人是否會臉紅的問題。因爲那時有位航海家強調在中國是很少看到臉紅現象的。但是達爾文則舉另一位學者的觀察，發覺痲六甲的華僑和原住民，都一樣會臉紅；也提到了中國話裡有「面慚而赤」的成語。在論證了許多不同膚色的民族以後，他很肯定地說：「根據以上所列舉的各種事實，我信心十足地確定，不論膚色的變化，臉紅問題是一切人種所共有的。」也就是說，儘管達爾文的演化論裡有強烈的人類優於動物的意識形態，但絕對不是日後的社會達爾文主義者所倡言的人種差異，不是隨隨便便就妄言：白種人進化最高，黃種人次之，而黑人最差。

只是，這些年來多元文化主義帶來的思考衝擊，開始教人反省情緒的語言和分類，是否有著預設的框架，這些源自西方的情緒名詞是否又能充分地描述不同文化（譬如華人）的表現方式。

同樣是達爾文歸類在臉紅反應的情緒，就包括了羞恥、罪疚、憨厚等等。在西方，羞恥（shame）的定義是指無法做到理想自我的期待，罪疚（guilty）則是指踰越了道德律戒。

然而，正如傅柯（M. Foucault）指出的，西方人是「懺悔告解的動物」（confessional animals）。東西方之間社會結構方式的根本性差異，宗教思考模式恐怕是其中之一吧。在西方，也許羞恥和罪疚之間的差異是如此明顯而研究頗深，但是在我們台灣當今的日常生活裡，卻是不容易體會。對一般台灣民眾而言，羞恥的內容反倒是豐富多了，至少我們可以再清楚地分出「丟臉」和「慚愧」的差異來。

當然，回到門診裡，這一切繁瑣的思考終究是回歸臨床問題本身了。不知道這位偷錢的少年將來會是如何，可能正如母親擔心的，成為另一個亡命大盜呢，還是二十年後研究心理的某一人？

失落。我不甘心

死亡是最深層的失落。
然而，在一生的成長過程中，
不也是不斷地被迫要面臨永無止境的各種失落？
包括背叛、失戀、喪親、失敗等等。
沮喪代表什麼？
也許就是生命將要更成熟圓融的必然過程。

大型的階梯教室，清晨的氣息空蕩蕩地四處充塞。散坐在四處的學生們顯得稀疏，一本彩色鮮豔的解剖書籍攤開在桌面。

「這是郁達夫二十八歲回到上海寫的文章。那時他已經發表《沉淪》小說集，名聲大起，卻還是因爲失業而困頓。」我朗誦了一小段，抱怨著生活的困阨，並且爲死亡的念頭辯護。他說，別人都笑他以死招搖，可是他不願虛僞而不坦白。

解剖刀下的死亡震撼

醫學院新調整的課程，將原先中年級修的解剖課，調到六年級上學期，經歷了一學年臨床實習的學生，再回頭讀讀解剖，繁瑣的拉丁名詞也許不再如此冰冷了。

在我當年的學生時代，因爲屍體有限，所謂的解剖課似乎就是勤快的好學生待在地下室細細動刀，而我們則在中庭聊天、抽菸，逃避那無所不在的福馬林氣息。

後來，讀到大江健三郎的小說《死者》，才想起了自己的第一堂也是去撈屍體。當時還戰戰兢兢，學長拚命囑咐千萬要挑健碩的男性，免得肥胖的脂肪徒然干擾了學習。可是看見烏黑的福馬林池裡，裹在油布裡的屍體隱約的五官，一時就震撼得不知所措。就像小說裡的情節，打工的大學生整個人就要嘔吐了。

當時，正式解剖課的第一天，震撼和恐慌還是依稀存留，甚至中午到了自助餐店，看見了一餐盤的肉塊，聯想到剛才解剖刀下的肌肉顏色，立刻倒了胃口，午餐也就略去了。

只是，這樣的衝擊很快地就痲木而遺忘了。我問問台下的學生，過去一年是否曾經目睹緊急搶救的CPR（心肺復甦術）？再請他們想想自己的震撼，爲何第一線上手腳俐落的學長姊能夠如此的冷靜，即使失敗也能快快忙碌下一床的工作？

學校安排解剖課的同時，也立意頗佳地同時配合開了一門「生死學」，臨床取向的。我來上的這一堂是從心理學觀點談各種死亡。於是，從郁達夫談起，帶著學生思考一些知名人士的死亡過程，包括去世的傅偉勳教授，也談起庫伯勒—羅絲（Elisabeth Kübler-Ross）博士所提出的人們面對死亡的五個階段心理反應說：否認、忿怒、討價還價、沮喪和接受。

下課以後，幾拉學生留下來問我，這五個階段是必然的過程嗎？我想起了艾瑞克森（E. Erikson）八個階段的理論，特別是年老的兩種對照：圓融（integrity）和焦躁、絕望（despair）。似乎，應該有人可以成長到某一個階段，就像許多高僧預感自己即將圓寂之際，只是拈花微笑，連一聲：「我走了。」都省下了。

沮喪原本就是一種極難定義清楚的情緒。譬如艾瑞克森提出的老人階段，以往的中文教科書總是將 despair 翻譯成沮喪，有些則是譯成無望。

按照英文字典的解釋，這樣的直譯似乎離原意不遠。至少，大部分的字典都是用無望（hopeless）來形容 despair。只是，後來自己的臨床工作接觸老年個案多了，才發覺艾瑞克森的二分法裡，其實是將相對於圓融心境的各種不甘願、焦躁、沮喪、無望、挑剔等等，都是他所謂的 despair。

面臨逝去的不甘心

在我們的日常經驗裡，年長的前輩經常就是有著兩種極端的典型。一種老人慈祥而寧靜，彷如充滿了人生智慧，是孔子所描述的「知天命」境界，也是榮格提出的「智慧老人」原型；然而，另一種極端則是所謂的糟老頭或糟老太婆，他們的嘮叨和挑剔，其實是對這即將逝去的一生感覺惶恐，而表現出來另一種要挽回青春的絕望努力。

德國小說家托瑪斯曼的《魂斷威尼斯》，以作曲家馬勒爲影射對象，後來由義大利導演搬上了銀幕。在電影裡，我們看見了年老作曲家對自己完美性格的回憶，包括對自己作品嚴謹度的要求，也包括反映在他一生親密關係中的緊張狀態。然而，因爲養病而來到威尼斯外海的里都島，他的一切不甘心，轉化成爲對一位俊美男孩的青春著魔似的迷戀。於是，隨著鏡頭的推進，男孩的身影越來越不可及，絕望的情緒逐漸拉高，終於以空蕩蕩海灘上的死亡，作爲最後的鏡頭。

然而，即使我們大家還不一定到年老的階段，不也經常面臨這樣的絕望過程？

我想起了自己第一次失去深深眷戀愛情的過程。那時，明明知道一切甜蜜勢必結束了，但也僅止於理智層面。同一時間，自己的情緒大幅起落，也覺得一切昔日熱衷的活動，包括社團、創作等等，全無聊極了，許多理性的藉口讓我反駁自己以往的作爲。「我憑什麼帶學弟妹呢？」「文學能救國、救社會嗎？」太多理直氣壯的思想轉變，都成爲那時自己情緒的出口。

只是，許多年以來，雖然這些理念可能還會在自己思考裡繼續深化，但也終於能夠瞭解，是自己理智雖然接受了失戀的事實，情感上還是充滿了不甘心的絕望，才啓動了這一切思想上的轉變。

庫伯勒—羅絲博士所描述的死亡五階段，在不甘願的討價還價之後，才開始進入沮喪的階段。她是一位精神科醫師，她對自己描述的沮喪狀態是用比較精神醫學氣息的字眼「憂鬱」（depression）來形容的。然後才是下一個階段：接受。

生命更圓融的必然過程

在艾瑞克森的老人理論和庫伯勒—羅絲的死亡反應觀察之間，不也是對自己所不得不失落的一切的反應？艾瑞克森所指的圓融，或孔子所說的

「知天命」，其實是對過去的一切不再有任何不甘心的情緒了，也就對即將發生的一切，包括逐漸衰頹的健康、消失的權力，還有生命，能從容地以不疾不徐的態度接受一切的自然到臨。

而庫伯勒—羅絲提出的五階段，不過只是因爲勢必面對的死亡已經不可能逃脫了。於是，前四個階段所經歷的全可以納入艾瑞克森所謂的焦躁、絕望，而最後的接受態度也就是一種圓融的生命狀態。

庫伯勒—羅絲的《論死亡及瀕死》一書廣爲人知，不過，她的另一本書《成長的最後階段》，其實也就是將艾瑞克森所提倡的圓融作爲年老或死亡的最後教導。

這使我們想起了這些年來，人們對愛滋病觀點的改變。以往，被視爲瘟疫一般的疾病，如今卻因爲它可能在年輕時就提早帶來死亡的陰影，尤其漫長的病程反而更教人在年輕的歲月就能夠有機會體悟所謂的圓融了。這也就是爲什麼有人會尊稱愛滋病爲上天的福音、對世人的新啓示，也就有像《美國天使》這類的文學作品產生了。

我在課堂上，談起郁達夫，問年輕的同學說，曾有自殺念頭的舉手，沒有任何反應。再問一次，從來沒有自殺想法的請舉手，結果只有不到三分之一。我笑著說：「也許是死亡太沉重了，教我們的手舉不起來。」

後來，開始討論安樂死，談到《死亡醫師》紀錄片，包括成功的例子和家屬不滿的例子。我沒問他們是否贊成立法院曾經提議過的安樂死問題，反而問說，如果面臨必死的情境，你會選擇安樂死嗎？

偌大的教室望過去，這一群進入第二年實習的準醫生，幾乎都紛紛舉手了。

我知道，這樣的選擇絕不是艾瑞克森指的「圓融」，也不是庫伯勒─羅絲所指的「接受」。而純粹只是對不可知的害怕，索性用所有知覺的絕對停止活動來面對這一切。就像動物行爲學者經常說的，不能戰鬥（fight）又不能逃離（flight）的時候，我們也只有將自己昏迷（fainting）或冰凍

（frozen）了。

死亡是最深層的失落。然而，在一生的成長過程中，不也是不斷地被迫要面臨永無止境的各種失落？包括背叛、失戀、喪親、失敗等等。沮喪代表什麼？也許就是生命將要更成熟圓融的必然過程。

不安。

窩在愛人懷裡孤獨

我們在親密的互動裡，開始曝現出自己的害怕，
包括對自己或對方的不確認感。
這時，控制一切的欲望成為必然的反射態度。
因為，唯有一切都在掌握之中，
才能彌補我們缺乏自信或互信所造成的不安全感。

剛走出門外一小步，媽媽立刻氣急敗壞地站在門口：「才說你一下子，就將門關得這麼響。」

秋夜的風稍稍一股勁，我已經搞不清是自己的怒氣，還是秋風將門急急掩上，才撞出這聲響的，我按著下樓的電梯鈕，等待，沒有作聲回答。

我是動了怒氣。

不被信任引爆怒火

用過了晚餐，接到朋友的電話，表示多一張票，我告訴家人，特別是母親，想出去一趟，聽一場音樂會。媽媽立刻說：「不要喝太多酒。」剎那間，整個人要抓狂了。腦筋裡立刻以最快速的方式，抽出所有過往不愉快的經驗，還有許許多多長期以來不平衡的記憶，像火山要爆發一樣，滿天飛舞著張牙舞爪的狂亂火山灰屑。

我知道，我是生氣了。而且，是一股覺得丟臉而惱羞成怒的氣。然而，腦海裡另一個念頭，卻又理直氣壯地告訴我，也果真從我的嘴巴脫口而出：「我不是明明告訴妳是去聽音樂會……」雖然想儘量不要生氣，然而，狂嘯的怒氣卻還是可以隱約感覺得到。

坐在一旁的弟弟愣住了。他大概十多年沒看到媽媽和我之間，有緊張狀態的發生。

我想要繼續說明，可是覺得自己的不悅已經遏抑不住了，唯一的辦法只有保持沉默。

當然，我相信大家都看得出我不愉快的沉默。

我走下電梯，繼續思考這一切的不愉快。

對媽媽而言，她看著我們兄弟姊妹長大，對我們的一舉一動都太熟悉了，永遠有著直覺性的判斷。她知道，家族血液裡流動著豪飲的基因，再加上不善拒絕任何邀請，恐怕遲早會出狀況的。

然而，我的不愉快卻是一種強烈遭到不信任的質疑，永遠無法擁有被接納和放心的感覺。

我知道自己喜歡和志趣相投的朋友喝酒，也知道自己經常仗著酒量尚可而不在乎節制與否，偶爾的過量飲酒通常不會在外界出糗，而是回家以後，從迷糊的眼神和響亮的打呼聲，就可以判斷出來了。

某一程度，我喜歡這一切安全範圍內的失控。然而，對媽媽而言，她的不放心永遠都是有理由的。

她的不放心，我的不在乎。於是，信任的問題一直都是一個不容易完成的問題。

只是，我不斷地想：除了乖乖聽話，還有怎樣的方法可以教媽媽更信任呢？

日益增高的互不信任感

曾經在一個演講場合，聽見中研院社會學研究所張苙雲教授的演講，題目大概是這樣的：「台灣地區居民的信任與不信任。」

那是一場印象深刻的分析和歸納，沒有空洞的假設，就可從扎實的數字看出台灣地區日益增高的互不信任感。

我想起了有一陣子，隨著ＥＱ觀念的風行，經常被邀請去演講「情緒管理」之類的題目。開場白的例子裡，經常提到一個共同的經驗：開著車子在台北市擁擠的街頭，忽快忽慢的。正在心浮氣躁的時刻，不知怎麼的，忽然聽見極其不悅的金屬磨擦聲，原來是自己和旁邊一輛車擦撞了。

我腦海立刻想見窮凶極惡的爭執，對方不饒人的凶惡態度，一點也不願讓步的模樣，也就不自覺地武裝起自己，將自己加以心理建設，假裝是很凶悍的模樣，然後才走下車門，準備理論一番。

走下車門，對方也剛好走出來了。心裡正要發飆，以先下手爲強的方式保護自己；一抬起頭來，才發覺對方原來是自己的同事，兩人立刻看不見任何憤怒或不悅，只是有點尷尬，然後哈哈一番，也就相當大方地分道揚鑣。

這樣的故事，通常稍稍拿捏好節奏感，聽衆都會起共鳴的微笑，甚至哄堂大笑。

畢竟，在我們的日常生活裡，類似的經驗實在太多了。我們生活在一個混亂的時代，沒有任何可依循的原則，能夠讓我們藉以彼此溝通。這些原則原本是應該屬於大家的，也許只是傳統的好客、友善或接納，或是更現代的守法、公平、信任等等。然而，不只是這些原則一切闕如，甚至連個人的自信也不容易存在了。

信任是一個很高層的親密關係。嚴格地說，它不是一種情緒或情感。然而，我們的許多情緒卻是和它息息相關。

真正放心的親密關係

英國精神分析師溫尼考特曾經對眞正放心的親密關係，做出相當細微但簡單的描述：「敢在自己所愛的人的懷裡孤獨。」（Dare to be lonely in someone else's arm.）

沉默或孤獨，當發生在兩個人之間的相處時，開始產生極其豐富的想像力了。

任何新戀的年輕愛人，總是要遭受著沉默的考驗；當兩個人喋喋的愛語或高昂的激情，總是有暫時用盡而銜接不上時，沉默就開始出現了。

緊跟著沉默出現的，立刻是一股不安：他／她在想什麼？我這麼愛他／她，怎會不知道他／她在想什麼？他／她既然說愛我，怎麼會不讓我知道他／她在想什麼？最後的懷疑：他／她是不是不高興了？甚至，是不是不愛我了？

於是，雖然只是約略一、兩秒鐘的不安，立刻有人打破僵局，通常是男性角色的這位，問一句所有愛情關係裡最常出現的最愚蠢的話：「妳在想什麼？」

越是親密的關係，越可以看出我們的不安。我們在親密的互動裡，開始曝現出自己的害怕，包括對自己或對方的不確認感。這時，控制一切的欲望成爲必然的反射態度。

因爲，唯有一切都在掌握之中，才能彌補我們缺乏自信或互信所造成的不安全感。然而，這一切掌握控制的欲望，一旦出現，卻又全改裝成「愛」的表象。

於是，在戀人之間，可以有無上的權力說：我就是因爲愛你／妳，所以才怎樣怎樣的。在親子之間，更常聽見這樣的對話：爸爸媽媽是因爲愛你，所以才對你不放心，才會這般地要求東要求西的。

然而，眞正信任的愛，或者，可以自在地互相信任的人際關係，卻是不容易發生。

溫尼考特在談這種親密關係時，原本是在談他對一個人心智成熟、健康的定義。臨床的精神科醫師、心理學家或心理治療師，總是習慣對疾病、問題或困難，做出準確而豐富的描述，卻不容易爲個人的美好下一個清楚的定義。

母親永遠的牽掛

我常想，像我媽媽這樣，一輩子對兒女的牽掛，恐怕是注定了。因爲，在我們的社會價值觀裡，還殘留了舊有的家族或家庭主義。在很多當下反應裡，我們還是經常以爲家庭是最優先的美德。於是，當父母親的，也就永遠被這樣的社會價值觀要求著要對孩子保持永遠的關心——哪怕他成家立業了。

真正敢放心的父母，恐怕會被周邊的人諷刺說：怎麼會有這樣沒責任感的父母？

就像我媽媽，在我們之間彼此既緊張又親密的母子關係裡，經歷了許多年，也開始因爲信任，她給予我相當自由的空間，讓我選擇自己可能的理想。

然而，只是在面對社會善意的探詢時，她也不知該如何去應對的。

有一年，我決定離職。在別人努力衝刺事業時，我用三個月的時間，只是去滿足自己想要到世界各地逛逛走走的願望。

我回來了，媽媽開始抱怨說：爲什麼沒打幾通電話？沒有幾張明信片？我知道這個社會也許允許一位媽媽縱容自己的孩子去遊蕩，卻不允許做媽媽的可以對孩子太放心。

因爲這社會的規範是如此，於是，我媽媽也就必須繼續偶爾嘮叨兩句，而我也就又要忍不住因爲不被信任而偶爾失控發怒了。

快樂。一種很高層次的修養

快樂是什麼？
快樂可以是一種狂歡、一種滿足、一種歡樂、一種放鬆、一種喜樂，
也可以是一種宗教的境界。
但是，最重要的是，
真正的快樂是完全屬於自己一個人的。

悲傷的文章總是美得容易起頭。簡單的一個場景，某個有表情的人物，再加上不著邊際的一句話，整個慘綠氛圍就完全湧上了。

大學時代還是相當文藝青年的階段，大家的話題如果不是觸及令人尷尬的性，而且是因爲尷尬而掩飾成互相促狹的作弄，否則永遠都是停留在沉重的話題：從國家大事到個人沮喪。

「爲賦新辭強說愁」，這是近千年前的文人辛棄疾自己的心情寫照，其實放到當年我們的年輕時代，又何嘗不是如此？數千年前到現今，從早期的楚辭、從唐詩宋詞，到現代的散文寫作，甚至是KTV裡經常點歌的流行作品，幾乎找不到快樂的節奏和氣氛。

失去快樂的能力

難道我們失去了快樂的能力？

在電視的綜藝節目裡，我們看見熱情的現場節目，配合著幕後工作人員的指揮，做出滿心歡喜的模樣。在一幕一幕的特寫鏡頭所捕捉的表情裡，永遠都有人開懷大笑。

只是，離開了公共的空間，離開了鏡頭之後，還有人繼續維持這樣的快樂嗎？

似乎，快樂只出現在別人的期待下，是爲了避免對方的不安而表現出來的神情。

幽默文學一直都不容易出現在台灣的創作裡。涕泗縱橫的憂國憂民，反而成爲一向的人生主題。偶爾，即使像魯迅這樣的作家，除了《野草》，也擅長寫如匕首的諷刺小品，仍無法遮掩他內心無比的悲憤。在這種情況下，寫出《來春姨》的王禎和或《惡魚》的林宜澐，倒是台灣少見的兩位喜劇小說家。

從別人的悲哀中獲取快樂？

大學時，有一位學長專門在報紙型的校刊寫諷刺專欄。在當時沉悶的校園裡，一時洛陽紙貴，大家爭相閱讀。我問他怎麼寫幽默的文章，他說了一句話，可能他自己現在都忘了，但我卻印象深刻：「大家都愛看別人的災難、愛看別人出糗。只要將自己想要罵、要諷刺的當事人，寫成自己，而且越加猥瑣誇張，一切也就容易了。」

這樣的快樂，還是潛藏了無限的悲哀，甚至是比衆人還更無力的傷痛。同樣的，這樣的快樂也指出了一種典型的情緒模式——你出糗，所以我確定自己比你更強，也就感覺快樂了。

我們在電視上看到衆人哈哈大笑的綜藝節目，不也就是這樣的邏輯？胡瓜、豬哥亮或吳宗憲等人，所有的喜劇細胞幾乎都是透過讓別人陷入措手不及的困境，來供衆人消遣，也就是說，快樂只能建立在自己征服別人的過程裡。

然而，有眞正屬於自己的快樂嗎？我是說，一種自在的、解放的、無關他人的快樂。

每次想到這問題，我總是會記起當年亦師亦友的王菲林。

八○年代中期，整個台灣社會開始蠢動，戒嚴的軍事法律幾乎要綑綁到最強力的極限了。我剛好離開了校園生涯，在台北參加了一、兩個政治氣氛強烈的讀書會。高中懂事以來，一直以天下事爲關懷的情緒，更是沉重了。甚至，像鋼鐵的彈性疲乏一樣，太過長時的嚴肅，已經讓朋友之間的見面都變得痛苦而動輒衝突。

在一次疲倦的讀書會裡，看完了一章嚴肅的政治經濟學，菲林問說：「爲什麼關心社會、國家，就不能快樂呢？」「爲什麼不能做一個快樂的進步分子？」

原來，在我們反傳統的同時，其實又掉進了傳統的陷阱裡。

謀殺快樂的文化

以群體利益爲優先的中國文化裡，個人的情緒永遠要依賴家族等群體的要求而表現，是十分不容易有自主的可能。在這種情況下，從小，我們就被教育成不允許擁有自己情緒的人。特別是快樂。因爲當快樂發生時，團體或是家族中的輩分界線模糊了，原來的生產效率也罷工了。

快樂的情緒是和個人偷懶、不尊敬長老、不知廉恥、沒有責任感等等極其負面的價值觀聯想在一起的。在傳統的集體社會裡，任何的快樂都是被等同於罪惡。在歷史上也許果眞出現過自在的快樂人，但也都是像東方朔或莎劇中的癲丑角色罷了。所謂正常的人，特別是正常的讀書人，是不允許快樂的。

即使到了現在，傳統的集體主義逐漸消退，而個人主義慢慢成爲台灣社會的必然趨勢，我們在傳統的空間裡，還是不容易有所謂的快樂。

哪些是傳統的空間？只要有清楚的權力位階，全都是如此。譬如，有父母親的家庭，有強調秩序和尊嚴的老師所管的教室，有上級長官存在的場合。

在一些暫時失序的情況，譬如嘉年華或節慶出現的畫面，像總統打扮成小丑或公司總裁扮成女裝，都只是出現在偶爾例外的特殊日子，永遠都不可能出現在正式的例行場合裡。同樣的，可以在外面和朋友狂歡作樂的爸爸，即使喝醉酒，回到家還是可以繼續保持訓話的姿態。

快樂是什麼？快樂可以是一種狂歡、一種滿足、一種歡樂、一種放鬆、一種喜樂，也可以是一種宗教的境界。但是，最重要的是，眞正的快樂是完全屬於自己一個人的。

認識菲林時，他的那句話才提醒了我，原來自己不只是失去快樂的能力，甚至也失去了享受各種情緒的勇氣了。這句話的影響是極其深遠的。

不幸的是，年長我沒有多少歲的菲林，卻因爲大腸癌而去世了。我記得在他的週年紀念會時，自己提起了他對我的影響，說：「也許不應該在乎他的死亡，也許應該繼續實踐他所呼籲的：做一個快樂的進步分子。」

然而，快樂真的是十分不容易的。

從小的道德教育對快樂制約出來的罪惡感，已經深入了我們的體質深處；每天越來越忙碌的生活，幾近窒息的時間表，早已謀殺了各種緩慢才可能發生的情緒，包括快樂。

享受失控，快樂忘我

「你快樂嗎？」還年輕時的庾澄慶，曾經在他的歌曲裡活力十足地問著大家，要大家「Don't worry, be happy.」。他靈活的肢體語言，天真形式的笑容，再加上黑人節奏的振奮，剎那間果真在空氣中替大家注入了快樂的空氣。

雖然，離開了這樣的氛圍，能繼續保持快樂能力的，其實是不容易的；但是，至少，在一片悲苦的國台語流行歌曲中，這已經是不尋常的突破了。

快樂的歌越多，快樂的機會也越大。

我在門診問我的病人，說：「通常，在怎樣的情形下，你最快樂？」再問說：「你可以快樂到忘我嗎？」

我一直很想根據快樂的能力，以作爲臨床上的判斷參考。譬如，那些不敢享受雲霄飛車，更不願上高空彈跳的人，經常都有著一種很深的恐懼，害怕自己失控了。

不幸的是，很多快樂都是來自於失控。除了雲霄飛車和高空彈跳，像冒險、自助旅行、新的實驗、性愛等等，都是因爲適度的失控而有快樂的存在。

眞正的快樂，至少對我而言，最基本的條件是要能享受失控。唯有能夠享受失控，才可能開始擺脫別人的看法所造成的牽絆，也才可能有所謂的自在。

自我要求不可以失控的個性，恐怕也隱含著某一種不安全感，包括對不可確知的狀態的恐懼。譬如父母親的角色，雖然是愛小孩、保護小孩，卻也往往要面臨孩子成長的不可確知。如果他們可以放心，不計較或想像各種的失控狀態，自然不是問題。然而，如果一旦擔心這一切不可確知，對孩子的愛反而讓他們想要掌握一切，也就變成了另一種約束和強制了。

快樂是什麼？

快樂，其實是一種很高層次的人生修養。

輯二

在醫院的診療室與日常生活間潛行，
在白袍與便服間更替，在公眾與私人的分際間呼吸……
鏡子裡的我，原來是這樣的？

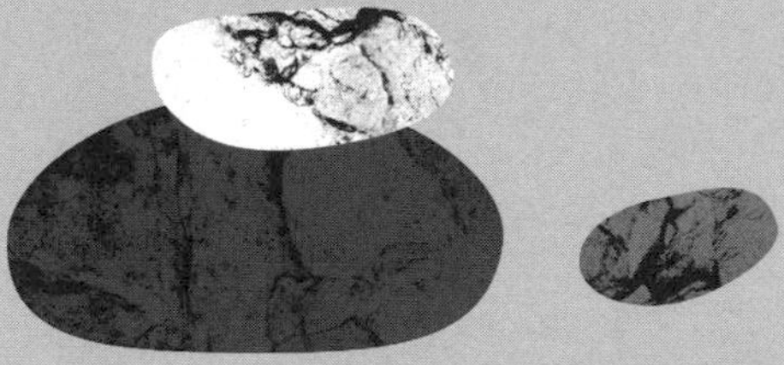

潛行虛無診療室

有人問我：心理醫生這一行業是做什麼的？
我想了很久，搖搖頭說：什麼也沒做。
提供給個案的，
頂多只是一面教他看見破碎水影裡自我影像的鏡子。

早上跨進辦公室，已經是八點過十分了。與住院醫師原先約定的時間已經遲到，來不及整理桌面，只能快快沖煮咖啡，到隔壁找他過來加速原先預定的討論。

一天的工作就在遲到和追趕中展開，一直到傍晚時刻。

終於一切安頓下來：明天的兩堂課、到花蓮的飛機訂位、住院醫師的補課事宜、一位留話的病人家屬，還有幾個可以假裝不存在的媒體通告。這一切永遠列舉不盡的日常工作，像急速的吞噬動作，大口大口地撕裂了生活。

我坐下來，將身體安頓在舒適的座椅上，慢慢地放鬆，依照著韓德遜教授的呼吸口訣，隨著來自丹田的緩慢吐納，盡力將整個人全交給了地心引力。

慢，再慢，更慢。

放鬆，繼續放鬆，再放鬆。

半闔的眼皮還感覺得到整個辦公室恍惚的形影，隨著身體的放大疏散，整個空間也逐漸膨脹，甚至開始飄浮，在無限寬廣的蒼穹之間。永無止境的距離，一切停滯的速度，直到自己，又甦醒過來。

在忙碌裡，安排緩慢

緩慢。

我試著在自己擁擠的行事曆裡，巧妙地安排各種的緩慢。

行事曆的時間是客觀的，每一個小時都彼此相等，每一個日子彼此不短於前一天。人們打電話來，邀一場演講，或是臨時的一節課，總是清楚地說明是兩個或三個小時，還是下午三點到五點。時間永遠都是準確的，特別是一群人共同擁有的時間：上課、聚會、遊行，甚至是狂歡的嘉年華，也擁有一致的開始和結束。

早上遲到的我，匆匆忙忙趕到了辦公室，終究還是要「還」準時的住院醫師應有的十分鐘，完整地談完我對他進行的心理治療的督導意見。

準時成爲一個議題。甚至，發生在督導的過程。

爲什麼他的個案這次又遲到了？（爲什麼我今天遲到了？）的確是塞車耽擱了，同時也的確是潛意識深處的阻抗吧？（的確是我不敢說出來的不滿，正在阻抗著這位住院醫師的態度？還是，我的疲憊，我的過度負荷，正透過對一位住院醫師的遲到來達到大聲宣布的效果？）

我犧牲了中場應有的十分鐘休息，繼續下一個督導或是下一個心理治療。不論繼續的一切是什麼，準時成爲一個敏感的原則，比休息還重要的儀式。

一位心理治療中的個案，抬起頭來，忍不住笑說：「唉，醫師，你是不是快睡著了？」他指的是我失神的恍惚，任何長期相處的個案，其實都可能比治療者還敏感。而每一本心理治療的教科書都告訴著我們，治療師的昏沉其實是自己沒察覺的反向移情的阻抗。

我是失神了，甚至幾乎打盹了。這時，又該怎麼辦？

「是呀，太糟糕了。」誠實是最好的策略。或者說，誠實是最好的欺騙，掩飾了我對整個過程的不耐和不悅。

趁下一位個案進來以前，我快快倒轉錄音帶，心理治療例行的記錄工作。我找到自己失神那一刻的留聲，原來自己以爲打了一個長盹的恍惚，其實才只有兩句對話全然沒印象。

短短的兩句話，漫長的罪疚。

在時空中無限延伸的緩慢，可能只是一眨眼的短暫。

從事心理治療工作的緣由

作爲一位心理治療者或精神科醫師，是相當受矚目的。這種注意，大部分是來自好奇心，甚至是恐懼和厭惡。至少，在各種專業中，這一行業在漫畫家筆下的曝光率是極高的。（當然，在台灣例外。在台灣，政客搶走了大部分的恐懼和厭惡。）

經常，被問起一個問題：怎麼會想從事這樣的工作？

同樣的問題經常被提及，幾個習慣性的回答也就成爲標準答案了。

其中一個經常選擇的答案是這樣的：也許是遺傳吧，我外婆一生從事的行業，除了小販和果農，就是擔任所謂的收驚婆。

我還記得外婆老家的模樣，傳統的一條龍建築，座落在小鎮遙遠郊外的聚落。門口就是寬闊的穀場，房子的兩側到深邃的後院全種滿了各式各樣的果樹。

經常，我們從鎮上回到這裡玩耍、摘龍眼。天氣熱的下午，躲在門內的蔭涼處繼續各種遊戲。然後，就會看見廣場的外門有人走進來了，幾個大人抱著孩子，一臉走過遙遠路途的急促和汗水。有時，可能是當時還罕見的計程車，老遠從另一鄉鎮鑽到這偏遠鄉下的僻巷裡。

幾個小孩子於是沉默下來，靜靜看著外婆在大廳裡祈拜觀世音菩薩，開始對焦慮的陌生人和哭鬧的小孩喃喃唸起聽不清楚的經文。印象中，有一個細竹片織成的大圓盤，細白的米粒在上頭迅速旋轉，還有小孩的衣物之類。

這時的外婆，好像變成了另一個人：依然熟悉，卻又十分陌生。

多年以後，我一度在花蓮工作。一個人的日子，經常利用午後的空閒，到位於山脈下一個叫石壁的小地方，看廟裡的尪姨牽亡魂。兩位中老年紀的尪姨幾乎都是同樣的神采，在神明面前的虔誠，在信衆面前沉穩的權威感。忽然教我想起去世多年的外婆，當年在大廳裡教我們由熟悉轉爲陌生的就是這樣一般的神情。

在薩滿儀式和心理治療之間，忽然感覺一切都是重疊的。

心理治療像一面雙重鏡子

有人問我：心理醫生這一行業是做什麼的？

我想了很久，搖搖頭說：什麼也沒做。

我們總以爲做了很多，卻又覺得一切的轉換或改變都如同水月浮影。難道，一個人改變了水面上的印象就等於改變了水裡的伏流嗎？

也許解決了暫時的危機，也許在他人成長的路上順手推助了一把，也許，也眞的分享到了一些的喜悅。然而，大部分時候，每一個人都是獨自存在的水潭，外人的存在只是無限的假設和推測。

心理治療像是鏡子，而且，是雙重的鏡子。我能提供給個案的，頂多只是一面教他看見破碎水影裡自我影像的鏡子。但是，更多時候，是我從他的難題裡、從他朝我凝視的眼神裡，看見了永遠不一樣的自己。

我走過了許多水潭，只是看見更多角度的自己，卻對水潭的存在一點改變也沒有。

一個虛無的治療者，這是最負面的形容；一個尋求空無的修行者，這是最堂皇的說法。

心智（mind）和心靈（spirit），對我而言，原本就是不容易切分的連續體。心智的最盡頭，必然觸及了心靈的問題；同樣的，沒有心智的自我修爲，恐怕也是容易變成海市蜃樓的心靈冥思吧。只是，心靈是不可求的，心智的訓練卻是可以在日常生活中操作進行的。

我習慣看人，看別人眼中的我，看被別人看了以後的我如何反應，看別人又如何反應，看反應以後……

在兩個人之間，可以發生無限的看。在每一次的觀看，又可以後設地，甚至無限後設地問：爲什麼會有這樣的觀看？

有些時候，這一切問答又全陷落在思維的理智裡。這時，我會關掉這一條思維之流，將一切全交給直覺——當然，這是不太容易的，至少對從小被訓練成理智人的我是這樣的。

既理智又直覺；既虛無又堅持；既是唯物論的意識形態，又是心靈的探索者。一切的存在，對我而言，唯有以矛盾的方式弔詭地存在的，才是讓我能著迷而持續思考的。

就像最近的我，用最忙碌的生活方式，試著去體會緩慢的創造。

當然，這一切，都還十分地遙遠。

恐懼的旅程

我們雖然活著，卻已經死去了。
或者，我們究竟為什麼而繼續活著，
這是一個有點陳腔濫調的存在議題，
都是始終或早或晚地發生在每一個人身上。

巴塞隆納的路途中，小汽車拋錨的瑪莉亞搭上了一輛破巴士。「我只是要去借電話。」她對善心的司機這麼回答著，然後一步一步地走進一座古老的精神病療養院。

這是哥倫比亞小說家馬奎斯的短篇作品，收在《異鄉客》一書中。讀者們清楚地察覺一切逐步展開的異樣，卻只能眼睜睜地看著瑪莉亞天眞地感謝這一切大雨中發生的接納。終於，她丈夫來到了。讀者們原以爲可以放下心來，沒想到更大的絕望卻是丈夫浮起善體人意的微笑，和院長的專業意見融爲一體了。

在這個故事裡，恐懼雖然從沒有直接描寫過，在閱讀的過程中卻越來越濃厚地積釀。例如，在最現實的生活深處，果眞有著夢幻一般不可揮去的魍魎。

首先是旅程，暴風雨下的馬路和院落，讓一切都顯得陌生，我們往昔的恐懼也就開始被挑起。

人的成長宛如恐懼的旅程

我們不也曾經參加過旅行團？出發前，除了美麗的觀光點介紹圖文，導遊們總忍不住提醒要小心錢包，小心太過於友善的當地人。

於是到了威尼斯、巴黎或摩洛哥，我們的心跳開始加快，背不知不覺地拱起來，繫著霹靂袋的腰腹深深緊縮。果有陌生的路人靠近，腦海馬上反應是不是來搶劫的、扒竊的，或是詐騙的？是不是吉普賽人或是流浪漢？整團人更是充滿張力地相互親近，像是在鬼屋歷險時某種不可思議的親密關係。

每一座陌生的城市都是鬼屋，每一次旅行都是歷險。我們的觀光不在體會世界都會的節奏感，而是挑逗自己內心的被迫害妄想，而且是集體的妄想。

馬奎斯的這本小說收集了十二篇故事，他另外擬定了一個書名——

《陌生的／異鄉的朝聖者》（*Strange Pilgrims*）。當旅行變成我們現代的朝聖行徑，風景本身的差異開始變得不重要，我們不是去欣賞不同的節奏感或情調，而是在心智上享受著這股恐懼帶來的受虐感。

這時，生理上所有的交感神經和副交感神經都開始作用，心跳加快、呼吸急促、顫抖、汗流、肌肉緊縮，一切都可以從細微的神經末稍明顯感受得到。這是伴隨著焦慮特質的恐懼。

精神分析客體關係理論的梅蘭妮・克萊恩，強調著佛洛伊德自己早已忽略的死亡本能。三十多歲才開始接觸精神分析的她，也許是經歷了結婚、生子和沮喪的生命吧，也許是從布達佩斯、柏林、維也納，再到倫敦落地生根的顛沛經歷吧，克萊恩開始體會到人的成長發展彷如旅程一般的過程。

認識這個世界就是一個旅程。

誕生的那一刻，「我」的意識並沒有伴隨而生。這是相當幸福的，

「天地即是我，我即是天地」的境界，也就是佛洛伊德提及的原初的自戀狀態（primary narcissism）。

一旦個體開始成長，意識到「我」的存在，也就必然察覺「非我」（not me）的存在。於是，疑問開始浮現：這一切「非我」，究竟是什麼呢？有了疑惑，猜忌害怕也就跟著發生。

在克萊恩的理論裡，她將這樣的心智狀態稱爲「妄想的—分裂的位置」（paranoid-schizoid position）。「天地即是我，我即是天地」的完全熟悉感不再，開始存有各種陌生之可能的「非我」所侵入，被害妄想（paranoid）一般的反應開始出現。

至於「分裂的」（schizoid）一詞，原指此時的認知發展依然還是零碎的、肢體片斷的。「非我」的世界還不是確切爲一體的「他者」（other），而是許多分裂成一小塊一小塊的部分客體（partial objects）所構成的，彷如一切物件在宇宙中以不可捉摸的速度漂浮移動著。原先的

「分裂」，指的是這樣的世界。只是當我們在這種充滿焦慮的恐懼下，所捕捉的世界也果眞都是片斷的、扭曲的、支離破碎的。

傾聽石化過程中的吶喊

台灣的社會，在解嚴以後，開始有了自由集會的權力。在這集會中，特別是一九九六年彭婉如女士的命案發生以後，恐懼成爲集會時經常共同分享的情緒之一。那一年，在冬天裡交換著彼此的經驗，成爲追悼儀式的典範。

一九九六年十二月廿一日那天晚上，寒流中的台北市街頭，黑暗中有上萬的人聚集在一起，熾熱的火把聯結了憤怒和恐懼，成爲抗拒外在看不見世界的方式。

二〇一三年三月九日的白天，全台灣各地，從台北到台東，因爲反核廢核而發起的遊行，黃色的旗幟則又一次聯結了憤怒和恐懼。

就像我們的旅行，也許是處於集體的被害妄想下，都是因爲恐懼讓我們親密在一起，彷如死亡本能一般地，繼續驅策我們再前進。

回到只是要借用電話的瑪莉亞。除了旅程，另外一個喚起我們恐懼的，是一步一步必然的宿命吧。

瑪莉亞開始努力掙扎，抗拒這個強行加諸在她身上的監禁。一次又一次地，她幾乎成功地撥了電話，就要逃出了，卻又一次次地繼續陷在迷宮一般的療養院裡。最後的救贖終於出現——期待已久的丈夫沒想到竟然也成爲籠梏的一部分了，最深層的絕望展開了另一種無力的恐懼。

在《給下一輪太平盛世的備忘錄》（另有《未來千年備忘錄》譯本）裡，另一位當代小說家，義大利的卡爾維諾在生前最後的、也是未發表的演講稿裡，開始沒多久就這樣寫著：「我有時候覺得整個世界都在硬化成石頭，這是一種緩慢的石化過程，儘管因人因地而有程度差別，但無一生靈得以倖免。」

雖然，卡爾維諾想的是救贖之道的輕，但是，也的確這一股無所不在的沉重，「無一倖免」的必然性或宿命，才會激起救贖的思考。

我還記得自己年輕時，醫學院最後一年，初到台北的馬偕醫院實習，每天開始準時上下班的生活。那是還沒有捷運的時代，連火車都還沒地下化。每一天清晨，公車例行在中華路漫長佇留，等待每天同一班火車從眼前的平交道掠過。我忽然有了似曾相識的感覺，原來今天和昨天並沒有差別，甚至明天也一樣。以後的生命就是這樣了，幾乎都是可以掌握預測，像不斷倒帶的影像。幾個月來實習的壓力和沮喪，就這樣地落淚了。

這樣的感覺不是十分熟悉嘛！我們雖然活著，卻已經死去了。或者，我們究竟爲什麼而繼續活著，這是一個有點陳腔濫調的存在議題，都是始終或早或晚地發生在每一個人身上。

二十世紀德國表現主義畫派的孟克，他的那一幅〈吶喊〉，空洞的眼神傳來無聲的絕望呼喚，雖然是許久以前的現代主義作品了，卻仍然教每個人印象深刻。

只是，這樣的一聲吶喊，即使是最後的努力，畢竟還是一絲的掙扎。如果連這一股焦慮也消失以後，所有的絕望不就成爲石化的窒息力量？

活在抑鬱氣息裡

克萊恩在她的理論裡，提出「憂鬱位置」觀點。當「我」察覺原來「非我」的世界中，不再是好客體和壞客體兩大善惡分明的陣營；甚至，發覺會打他屁股的手掌和餵他、抱他的手掌是同一隻手，好客體和壞客體原來是同一個，這時，賴以維生的判斷力或價値觀幻滅，抑鬱的情緒也就死寂一般地漫布。

另一種恐懼也就是伴隨著死寂氣息一般的抑鬱。多年以前，曾經看過一篇談歐洲文化的憂鬱氣息，用的是melancholia一字（黑膽汁過多症，即體質性憂鬱症），當時還不明白這問題。後來，去幾趟歐洲，也認識了一些當地的朋友，才感受到他們身上煥發那股很難形容的氣息，彷如人還活著但活力早已死亡的抑鬱，有點宿命的優雅。

這些年來，台灣的經濟開始呈現戰後最嚴重的一次停滯，而且，感覺是永遠不可能恢復了。許多朋友開始潛心於宗教，或潛心過簡樸的生活。他們臉上的安詳日益濃郁；只是，有時我忽然想到療養院裡的瑪莉亞，不也終於安身立命在圍牆之中了？而存在層面的恐懼，究竟會將我們帶到哪個方向？

預知死亡的旅程

對一個親近死亡的人而言，
死亡最大的恐懼不再是死亡的剎那，
而是這漫長的瀕臨過程，
和只能等待的無助。

一場感冒，幾個月的忙碌所累積的緊繃壓力，山洪爆發一般地讓自己的身體垮下來，溫存的熱度，遍身的小火烤著自己每一處的筋骨，也烤垮了整個人的心智。

這樣的折磨雖不常發生；不過，每半載一年來個一回，自己也慢慢習慣了。雖然全身每一絲的力量全耗光，還是知道準備喝足一大壺水，吞兩顆普拿疼，包在棉被裡，等待蒙頭大睡後姍姍來遲的汗雨。

燒果眞退了，全身乏力，卻是如釋重負一般舒暢了。虛弱的體力，想要打電話取消原先約好的活動，按了號碼一開口，卻是一點聲音也擠不出來。我喉頭再用力，淸個嗓子，還是絲毫沒改變。

憑著自己的醫學訓練，知道是上呼吸道感染引起咽喉發炎，包括聲帶也遭殃了。前陣子才一票人從香港玩回來，在飛機上和同事一起談起近年的各種新興「瘟疫」，沒想到自己也倒下來了。現在躺在床上說不出話來，只好默語對自己開玩笑，想：不知道是香港的禽流感，還是台北的腸病毒？

玩笑歸玩笑，半天過去了，喉片含了半盒，噤聲不語也開始要進入禪修階段了，還是一點聲音都沒有。我依憑著自己醫學院時代的專業知識，知道這樣的聲帶發炎是要三、五天才可能痊癒的，告訴自己一切除了吃藥和靜養，只要等待就會痊癒了。

可是，萬一呢？

失去聲音的焦慮

萬一沒有按醫學教科書的規則，永遠不能好起來呢？

如果永遠這樣下去，我的不語禪修就不再是三天或七天，而是一輩子的事。我還是可以看書，可以寫作，可以四處聽聽別人聊天，然而就是不能跟別人講話了。

我還可以當精神科醫師嗎？還可以上電視或廣播嗎？還有，可以談談戀愛嗎？

恐懼開始在內心深處往上瀰漫。雖然，理智不斷地提醒這一切災難三、五天就會好了；腦海卻是揮之不去的聲帶喪失的焦慮——另一種閹割焦慮吧，我想。

究竟人們能夠多麼坦然地面對自己的部分或全部的失落呢？我是說，喪失某一部分的身體機能，甚至是死亡？

我一直以爲自己這些年來的生活，逐漸能夠體會「無欲則剛」的說法，也體會到這樣境界的不容易。甚至，大部分時候，還是忍不住沾沾自喜地以爲自己的生命狀態是有那麼一點火候了。

在一次的心理治療裡，一位專業傑出的先生對我暢談他的生涯規劃，提到了弘一大師，他說，也許哪天就削髮離去吧。他是在談自己的婚姻狀況，妻子越來越無法依附追隨他那其實是誇大的自我，也逐漸開始對他質疑兩人十多年的婚姻了。可是，即便如此，面臨婚姻危機的他，還是信心十足，覺得自己可以捨得一切，瀟灑地說走就走，不留戀任何俗務。當時，我靜靜傾聽，儘可能保持專業態度應變的中立，內心卻忍不住一陣嫌惡：眞的能這般灑脫嗎？這傢伙。

現在面對的是我自己了。才失去了聲音，對一切可能失落的焦慮和擔心全浮現了：精神科醫師、說話的能力及背後的影響力，想要被人知道、瞭解的心情等等。原來，這一切既是能力也是權力的擁有，還是深深地隱藏著我的強烈欲望。

眞的能這般灑脫嗎？這傢伙！我開始懷疑起自己。

面對瀕死過程只能隨緣

有一回拿到了墨瑞・史瓦茲（Morrie Schwartz）博士生前的口述稿

《墨瑞的最後一課——心靈導師智慧開講》，英文書名*Letting Go*，最傳神的中文應該是我們平常說的：「一切隨緣吧！」

墨瑞・史瓦茲是美國的一位社會學家，整個學術思考理路依循喬治・米德（George H. Mead）和厄文・高夫曼（Erving Goffman）的傳統。這在美國是不尋常的。

稍稍瞭解美國人文科學發展的，都知道五〇年代以後的美國社會學幾乎全籠罩在派森思（Talcott Parsons）的影響力之下，所謂的結構功能學派，意謂更實證、甚至更量化取向的社會學。米德和高夫曼卻不同。也因爲如此，直到十多年以前，一直都是被視爲「較不科學」的。

在派森思的理論裡，只要處在社會結構中，每一個人都是一樣的，是一個有基本功能要求的角色。所謂的正常角色（normal role），也就是功能角色（functional role）。米德和高夫曼卻是不大相同，在他們的社會理論裡，人的考量終究涉及個人思想。當然，研究社會脈動的學者在追求客觀學問的同時，也就永遠有自己的主觀意識影響著這一切學術的成就。

人果眞可以全然捨得，不在乎一切嗎？

墨瑞・史瓦茲在一九九五年去世。去世前一年，他發覺自己罹患了ＡＬＳ（肌萎縮性脊髓側索硬化症）這個退化性的疾病，開始有了記錄自己面對死亡的念頭。

所謂的死亡，是最徹底也是最後的失落。只是，死亡的速度有快慢，可能晴天霹靂迅雷不及掩耳，也可能緩慢如存在主義一般的態度：每一天每一秒的消逝都是死亡。只是，像ＡＬＳ這樣的退化性疾病，是一種預知死亡來臨的過程，每天都被告知——死亡又接近好多公尺了。

於是，這天醒來，吞嚥困難，連「Ｏ」的音都發不出來了，你知道死神又走近一些。明天下床，雙手撐著助行器還是衰弱地跌倒了，你知道死神的鐮刀更接近了。死亡最大的恐懼反而不再是死亡的刹那，而是這漫長的瀕臨過程，和只能等待的無助。

一切隨緣吧！放棄，最深沉的放棄反而成爲了最積極的態度。墨瑞・史瓦茲承認著自己的懦弱、挫折、悲傷，要自己甘願認命；可是在最徹底的放棄以後，他帶給別人的卻是全然知天命的祥和感受。

我自己一場大病，失去了聲音。

星期一大清早，到醫院上班就立刻先去掛了耳鼻喉科的門診。耳鼻喉科的醫師並非熟識，只是看見我也身著醫師白袍，就多了幾分親切。他問我說是怎麼回事，我指指喉頭，拚命擠出幾絲嘶聲，他就會意了，在檢查後連忙保證很快就會痊癒。

我再說道：「明天，門診。」他就明白，我明天還必須用喉嚨看門診，於是將處方多開了類固醇，表示可以快一點好。事實上，第二天的門診我雖然好一點了，聲音仍然瘖啞，只好用很慢的速度和很少的回答，蝸步完成那一早上悲慘的門診看病。

圓融地面對死亡

這些年來，即使自己不承認，也不得不相信自己不只是步入中年，甚至是老年了。陸陸續續地，幾位年紀相近的朋友因癌症去世。我聽見自己嘶啞的嗓子，偶爾太用力又滑出幾絲不協調的假聲，忽然想起一位鼻咽癌去世的好友，臨死前氣管切除的說話方式。

他住進了我服務的醫院，在宣布無望後，選擇住在家裡自行照顧。當時他還住院時，我在同一座龐大的醫院裡來來去去，屢次想去探望他卻又猶豫了。直到他去世前幾個月，才與一票朋友到他家看望，大家走進門，忽然全懼怕了。沒有人知道我也是同樣的猶豫，只認爲我是精神科醫師，是專搞人類心理的，就推著我的背暗示我走最前頭。

我還正遲疑如何開口，反倒是半躺在床上病重垂危的朋友睜大削瘦的眸子，虛弱的手臂緩緩招呼著我們坐下了。似乎，本身也是心理學專業的他，已經熟知每一位來訪朋友的尷尬，身爲生者面對瀕死者的徒然和罪疚，也就相當體貼地打破這沉重的安靜。

在床頭，還有一部電視、一部錄影機和一些紙筆。喜歡看電影的他，還是依然央求家人租最新的錄影帶，看約十分鐘，累了，閉目睡一會兒，醒來再看，如此斷斷續續地看完帶子。

怎樣活著的方式才叫做勇敢呢？專長心理學的這位朋友，想必熟知心理學家艾瑞克森人生八階段的發展模式，想必也知道最後一個階段，也就是老年，是 despair 和 integrity 的對立。關於這兩個名詞，我喜歡翻譯成「焦躁」和「圓融」。

人們在面臨失落的時刻，才開始發現自己還有太多未曾完成的心願。然而，這些心願都是自己的欲望，來不及的欲望。想抓住它嗎？徒然的努力，只是顯得更焦躁，甚至是易怒，不知不覺也就成爲一個人人不喜歡的糟老頭。

或許，和焦躁全然不同的圓融，恐怕還是要像墨瑞・史瓦茲說的，一切都甘願放棄吧。

我想講話，我想當精神科醫師，想做很多事讓自己感覺是個有用的人，還有還有好多的想要。這樣的我，知天命嗎？

生命唯有在死亡面前，思考才眞正地開始。

別人眼中的我

恐怕許多人都像我一樣，腦海中以為自己正以怎樣的表情面對著迎面而來的對方，但是真正呈現在對方眼中的卻又是另一種面孔，有一些不算太小的距離。

別人眼中的我，是怎個模樣？

我站在穿衣鏡前，正要上班出門，因爲這念頭忽然開始凝視自己的臉孔。「胖胖、笑瞇瞇的、沒有脾氣」，這是很多朋友告訴我他們對我平常的印象。「怎麼沒有文章凶悍？眼光應該再銳利一點，態度預期還要更嚴肅」，這是好幾位先讀了文章再認識我的人所說的。

穿衣鏡是瘦長的，就在臥室出口的衣櫃裡，往往是要刻意打開才看得見。我站在光線不佳的光影裡，看見自己的半個身體還有自己的臉孔。向來胖胖垮垮的體格，在這樣長長的鏡影裡，不自覺地以爲自己其實是不怎麼太胖的。

辦公室的角落洗手檯也擺了一面鏡子，香港赤柱買回來的，民間藝術的鏤空木雕加工改裝成的，偶爾才有機會瞥見自己的臉——總是匆匆忙忙的，主要是看看髮型有沒有亂了，臉是不是洗乾淨了。同樣是直立的長方型，雖然比穿衣鏡小多了，只能映照自己的臉，卻同樣因爲長方型造成的視覺錯覺，總以爲自己的長相是有點瘦瘦長長的。

這樣的錯覺只有走進四處是光亮映影的鏡面，一些時髦的飯店大廳或是四面玻璃鏡的電梯間，或是不小心走過大樓街間櫥窗而折射出模糊的身影時，才驚訝地看見自己：其實眞的滿胖的，而且比以前更胖了；神采也沒有自以爲的優雅輕快，而是有點臃腫的笨拙。

這就是別人看見的我嗎？

表情也有溝通誤差

通常，影響第一眼印象的，主要就是包括眼神在內的臉孔表情和身體透露出來的肢體語言。特別是面對面的近距離，只要臉面的神采就可以決定對一個人的評價。

臉部的表情對我們的人際關係是如此重要；可是，恐怕許多人都像我一樣，腦海中以為自己正以怎樣的表情面對著迎面而來的對方，但是真正呈現在對方眼中的卻又是另一種面孔，有一些不算太小的距離。

我記得有一次的家庭治療中，經歷了漫長的宣洩、爭執和微微的體諒，會談就要結束了。我以治療者的身分，要求大家輪流對家裡的其他人分別說一句他想表達的話。被視為病人的女兒先開口了，她分別告訴媽媽和弟弟，最後再跟爸爸說：「我只希望你平常多微笑，或者，至少讓我可以看見你的表情，可以知道你在想些什麼。」

這位爸爸稍稍怔了一下：「可是我平常不就是這樣做了嗎？」

自己以為自己表現出來的表情，包括帶給別人的感覺，其實往往是和對方所真正感受到的，有著一道經常沒法自覺的距離。自己永遠不會恰恰是自己以為的那個模樣。

然而，為什麼自己會不知道，甚至被自己的身影嚇了一跳？

英國神經心理學家約拿罕・柯爾（Jonathan Cole）提出更深遠的疑

問：即使正常的臉孔都要有這種不可避免的溝通誤差了，失去臉部表情功能的人又會是怎樣地影響生活？

在我們臨床工作遭遇的個案裡，特別是傳統家庭中的男人，像是一種臉部只能擁有煩躁、憤怒、鬱卒和面無表情等等能力的動物，完全失去了微笑、傾聽、喜愛和陶醉等等表情的能力。

柯爾在他的《臉部漫遊記》，談的是更嚴重的表情表達能力的障礙，同樣是因爲這樣的感觸：唯有理解失去臉部表情的損失，才能映照出臉之於人的意義。

他在書裡，一開始就提到了一位中風的婦女，兩側的顏面神經全受損了，整體的大腦功能卻沒太大的影響。失去表情表達的能力卻擁有清楚意識的老婦女，她必須忍受著因爲自己的缺乏表情而導致別人冷漠或不知所措的反應，更要忍受自己太清楚的意識所察覺到的別人態度的改變。

而醫學研討會就在她面前開始討論，指指點點的。

這使我想到當年的自己，也曾經是醫院裡的實習醫師。就像《潛水鐘與蝴蝶》的作者尚—多明尼克・鮑比（Jean-Dominique Bauby）所寫的，當他失去說話和肢體語言以後，醫護人員走過他的面前，一切舉止言談，甚至是隨意的玩笑，只是一再地教他明白自己原來不再是別人眼中的「人」，而是一個東西，可能是沒生命的，頂多也只是一個嬰兒。

當年走在醫院長廊上，將身體遮蓋在權威的白袍裡，雖然嘴上有幾句貼心話，可不也在效率的驅策和知識的傲慢下，就是這樣的表現——終究還是將重病的病人視爲一個個待修的機器，腦海浮現的是一幅幅析解以後的平面圖。沒有生命的共鳴，只因爲這一切元氣大傷的疾病帶來了一張張沒表情的臉，漸漸也就不再將他們視爲平常交談哈哈大笑的、可能會成爲朋友的人。

用心看看自己的臉

約拿罕・柯爾談的問題也包括了醫學科學的另一層思想。他表示：我們雖然對人體醫學的瞭解已這般豐富了，卻不曾好好瞭解基本的臉部表情。他從臉的動物演化，臉的骨骼肌肉和神經控制，乃至於臉部藉此才得以表達的情緒和心理，當然，也包括了它對人際關係和自我信心的重要。

他談的不是關於臉的一切科學知識；他所談的，準確地說是科學知識所忽略掉的臉。

即使是科學家，即使是諾貝爾桂冠的頂尖科學家，每天起床刷牙漱口，總是要看看自己的臉。然而，爲何看得見自己研究對象的一切面孔，卻從沒以科學眼光看看自己每天相對的臉？

我早上起床，再一次仔細看看盥洗檯鏡子裡的面孔，練習一下微笑，再齜牙咧嘴地露出憤怒的表情：這是我嗎？

我從穿衣鏡走過，再轉一個身：這是我嗎？

我看到自己：這是我嗎？

也許，喜歡四處遊蕩旅行的我，該回到自己的臉部，好好地在自己的臉上、自己身體上，開始這一切忽略許久的漫遊。

離開自己的逃亡

以行醫的經驗來說，
那些乍看應該容易治癒卻沒明顯反應的個案，
恐怕都該懷疑還有更深的逃亡記憶。
那逃亡，是為了遺忘深藏意識冰山之下的痛苦吧。

滑溜了的記憶，果眞完全消失了嗎？

一九九一或九二年的門診，我第一次「發現」自己的某位個案原來是童年性侵害的倖存者。

她例行地來門診，例行地領取撫慰靈魂的抗焦慮劑。而我就像每一位門診醫師一樣，偶爾納悶爲何這長久的治療依然無法根本地消除她的夢和恐慌，卻又快快地因爲忙碌而遺忘了。

直到半年或更久的門診以後，這位中年的女性勞動人士不經意地問說：「A型和O型會生下B型嗎？」我雖然遲鈍，看見她聽到答案後的沮喪，卻也驚訝地發現這問題背後猶豫的動機，至少不是時髦的星座或血型問題。

她在不可思議的年輕時代就嫁給一位垂老的丈夫——在父親的安排下。因爲，她懷孕了，而且，懷孕的對象就是她無限次的強迫性行爲，而後又安排一樁買賣婚姻的親生父親。

忙碌只為了逃家

結婚以後的她，以性生活會傷害年老丈夫的元氣爲理由，儘量避開了親密關係。甚至，開始變得像個能幹的男人婆，承包下無限的勞動工作，用沉重生活壓力的負擔，試著讓自己不要再想起過去，也試著讓自己面對丈夫和丈夫疼愛的兒子時，自己一切愧疚有某些象徵的彌補。

只是，偶爾記憶乍看是遠去了，自己以爲可以暫時忘記，看到相關的蛛絲馬跡時卻又全浮現了。

她的勞動工作成爲最好的逃家理由，既可以賺很多工錢來贖罪，又可以儘量不要看見喚起在他鄉異地時，她多麼地想念孩子；可是一見到兒子，禁不住又在他的臉龐擔心看見任何「像」她父親的痕跡——而每次又都覺得自己看見了。於是，她對孩子的母愛，永遠在逃亡的心情裡同時完成又失落。

問我血型的那一次，剛好是下山拿藥順便回家一趟。已經是高中年紀的兒子，正玩弄著自己的身分證。她忽然想到血型問題，A型的丈夫，O型的自己，還有B型的兒子，所有要躲避的記憶全湧上了，而是迎面而來地擊痛了她最撕裂的傷口。

我忽然才想起來第一次見到她時，因爲頻頻抱怨心悸而例行生理檢查時，聽診器稍稍觸及一小塊皮膚，她整個人綳緊地幾乎都要痙攣了。

只是，那一天的門診，在兩人完全沒預期的心情下，她說了將近二十年從沒露過一絲口風的所有祕密；一位精神科醫師，也被這樣無從想像其中悲劇的十分之一，整個人有些愣住，而反應遲純了。

那是我最後一次看見她。

如今我已經知道，沒有適時和她一起處理這一切讓她崩潰的情緒的結果，我當時曾經發生的聆聽，我的臉龐，甚至我的問診，這一切和她記憶發生過關係的人事物，將是她不得不以逃亡來迴避的一切了。

記憶空白的鋼琴師

曾經翻閱一位鋼琴家的回憶錄，細細描述她內心最遙遠也最不願記憶的矛盾，關於父親的愛和性侵犯。記憶空白，這是書名，也許也是她最困惑的一點：如此親歷的深刻經驗，怎會平空消失多年以後，才又冒出來呢？然而，我在字裡行間，讀到更多的，都是她自己的音樂風格：永遠過度急切又準確的節奏，每一次演奏都是一次現場演出的爆炸。

作爲一位精神科醫師，一位男性的精神科醫師，我從無限病人的痛苦經歷裡，開始慢慢懂得聆聽像《記憶空白》作者卡絲那樣的急切鋼琴聲。那一股永遠沒法慢下來的琴鍵，我聽見了焦躁，聽見了逃亡，聽見了她自己永遠無法解脫的莫名愧疚，也聽見了我自己深沉的無力感。

我多麼希望時光倒流，多麼希望在遇見我的病人以前就看見這一本《記憶空白》（雖然這本原著當時還沒完成），如果這樣，我就知道自己在面臨這一切終於潰堤的記憶時，不是只有惆悵對坐而已，而是對她微笑，眞的，誠懇而欽佩地微笑，說：「說出來了，人生又活過來了。」或者說：「唯有活著，才可以說出來；唯有說出來，才可以讓自己活著。」

徹底遺忘是唯一的逃亡

然而，我的個案卻永遠消失了。

我那一天表情的驚訝和錯愕，彷如代表了整個世界站在她面前，雖然沒直接說出任何話，卻已經以「不可思議」的反應彷如告訴了她「一切都是不可能的」。就像她從小就不願開口，因爲敏銳的生存技巧早已測知周遭的人們就是這樣的態度。

於是，唯一的辦法就是逃亡。逃到深山裡，承包最陡峻的高山果園，成爲諸多果農中落單的女性。逃到沒有人認識的地方，讓自己的過去可以永遠追不上，成爲一個沒有回憶的人。至於盛裝在腦海中的記憶，最好是遺忘，徹底的遺忘才是唯一的逃亡之道；至於無法遺忘的，還有那些只假裝遺忘的，也就沉澱成爲落在心口的砂石，永遠折磨著自己的焦慮，教自己不得不半夜醒來的失眠，連藥石都不易根治了。

偶爾，在臨床工作時，和住院醫師們談起這類的門診經驗。我說，雖然教科書並沒記載，不過，經驗上來說，那些乍看應該容易治癒卻沒明顯反應的個案，恐怕都該懷疑還有更深的逃亡記憶。

這時，不免又想起了她：

妳在那裡呢？果眞成爲這個世界集體從每一個人的手中滑溜而刻意遺忘的存在了嗎？

最極致的恐懼，最極致的勇氣

最恐懼的，是最沉默的。
但若能聽到自己的聲音，聽到自己的憤怒，
恐怕是面對這樣最極致恐懼的唯一自我救贖之道吧。

一位政治犯朋友，在酒醉茫然的情況下，好不容易才慢慢說出他當年的遭遇。

剛開始擠在一群陌生人之間，同樣都是囚犯，他卻是唯一的政治犯。所有同案的朋友都被隔離開來。彼此永遠只有在交錯的時刻，在押去漫長審問和酷刑的時候，才瞥見某一、兩位朋友。漫長逼供的疲憊並不可怕，然而，偶爾暫停了，好不容易才被暗示可以小憩一陣，疲憊的身軀垮下來，貼著涼壁上的背脊才正放鬆，以爲可以暫時解脫了。忽然又聽見自己的名字，又被叫出去面對不知將如何施虐的狀態。

他說，還有更可怕的事呢。他的臉色一片死寂，什麼再也不說了……

無法平反的夢魘

他的政治事件平反了，也曾經在報紙上義正辭嚴地痛訴一切的不義；

只是，從來沒說出來的，自己也不敢面對的，也是這個社會不知如何傾聽的，是那些經常半夜教他驚醒的夢魘。

最極致的恐懼是怎麼樣的情況呢？深沉的墜落，永無止境的意外，甚至剝奪了一個人最基本的求生能力，連吶喊都不敢了；因爲你或妳甚至會懷疑：平常總是有效的求助聲音，反而是最可能招來更大災難的。

同樣的，這般的恐懼也是被拒絕聽見的，因爲所有的聽見只是教衆人不知所措地面對了自己內心不願承認的深沉無力感。於是在沉默的剎那，因爲我們表現出來的是這般的消極，甚至因爲否認這無力感而展現無比憤怒的駁斥，在不知不覺中，迅速地成爲共犯結構了。

這樣的恐懼不被允許聽聞，卻是驚人、高比率地存在於我們的社會。這普遍的恐懼是如此地教人不知所措也不敢有所作爲，連最細微的喘息氣聲都聽不見，我們也就繼續欺騙自己說：沒這回事，我們社會好得很！

最恐懼的，是最沉默的。

政治犯陸續平反了（雖然他們的心靈創傷還沒被聽聞），因爲歷史事件本身擁有起承轉合的可能，所有昨日的叛國罪行都可能是明日的愛國情操；然而，同樣極致的恐懼，不屬於歷史偉大事件的，而是我們日常生活中隨時隨處一抬頭就可能看見的常態，卻果眞一如常態繼續延續下去，可能已經數百年了，可能還會繼續到更久遠。

冷漠的共犯結構

認識她以來，雖然不是很親近熟悉，卻是好久的一回事了。在多年前解嚴以前的雜誌，在日後她的新聞評論，一直到後來的廣播電台。然而，這樣的一位朋友，即使陸陸續續許多機會在一起，面對面坐著，在大大小小的諸多話題裡，我竟然從來連一絲念頭也沒發現：坐在對面的這位女子，曾經和這最極致的恐懼一起生活著。

我忽然有點慚愧地想起了自己的職位，所謂專業的精神科醫生——我和我的同事們，又做了什麼？

我和我的同事們，總以爲自己有太多沉重的業務了。隨著台灣社會近年來的變遷，大家開始對社會福利和心理衛生有所重視。於是，在一次又一次的社會事件裡，有關心理重建的需要不斷出現。新的挑戰來臨，新的人力卻沒增加。於是我們又被要求做一些參與時，總是太容易地嘆口氣說：又來了，這些事。自然而然地，在忙碌工作中難得的空檔時，彼此閒談著，總是一起抱怨著諸多的任務。包括婦女受虐的防暴系統的設置，也是簡單的兩句埋怨，就放置一旁。

曾經是高雄縣衛生局局長，現在又回到高雄阮綜合醫院家醫科的黃志中醫師，是當年大學時代一起廝混的學弟。他曾經主動在台灣醫界聯盟的《醫望》雜誌做一次專題，討論醫療界參與家庭暴力防暴系統的諸多問題。稿件寄來時，身爲義務總編的我逐字細讀，才赫然發覺像自己這樣容易埋怨的習慣態度，已經成爲這個社會的共犯結構。

在黃志中的研究裡，有關家庭暴力的問題，即使在社會各界大聲呼籲以後，求助的婦女還是有四成被醫療院所拒絕開立證明書；也就是說，每兩到三位受虐婦女就有一位遭拒絕。即使是開立了證明，「大都表示其就醫經驗是冷漠、市儈，僅三位個案表示滿意所受到的醫療服務，占就醫個案十分之一不到。」（《醫望》1998 (5), p.35）

醫師特別冷漠？也許吧。但是，恐怕整個社會都因爲同樣的原因（最深層的恐懼、最不知所措的處境），甚至包括當事人最親密的人（父母、手足、伴侶等等），也都同樣的冷漠了。

記得一九九六年的一場遊行裡，爲了迄今仍遲遲未破案的彭婉如事件，我也走在遊行的人潮裡。在黑暗中，當行進的隊伍走到凱達格蘭大道時，大家一起發出聲音來，用哨音、用尖叫、用吶喊。我也聽到自己啞嗓以後的破裂聲音了。

聽到自己的聲音，聽到自己的憤怒，恐怕是面對這樣最極致恐懼的唯一自我救贖之道吧。我終於叫出來了，單單願意拒絕和這恐懼的社會共犯結構劃清界線，也就覺得自己的心情又感覺到一點著力感。

說出心中恐懼談何容易

她肯大聲說出卻是更不容易的。

我接到稿件時，不曾預先知道將會看見怎樣的內容。關於她自己，從社會運動、新聞界和廣播媒體，永遠光鮮的一位女子，有太多的光榮可以逐一書寫了。我以爲這是一本關於偉大的光榮和小小的懺悔的自傳，打開稿件，一開始果眞是極其理性的口吻，眞的彷如是一位長久以來教人尊敬的女子正寫著她的故事。

讀著稿件開始沒多久，我就發覺自己錯了。這不是一般的光榮，而是教人屏息肅敬的無比榮耀，是我自己想像空間裡從來不曾預料的。

「在歹徒從容離去後，我把手磨破了才解開繩套，我呆坐在床上試圖回想這個殘酷的遭遇，但我唯一的記憶是空白，一大片的空白。」我閱讀的心情不禁開始滑落，原先期待的喜怒哀樂全沒出現。「我會藉著酒，讓自己帶著一點喝醉的酒意，特意地讓自己的身體碰撞得滿是瘀青的痕跡；我不再泡浴缸，而是以很快地淋浴來取代，因爲，我一點都不想看到自己的身體。」

恐懼、恥辱、自貶和沮喪全都湧上了。她在序言寫到自己最後還是決定說出來的心情。她寫著：「寫自己的遭遇，並不是一件容易的事，雖然，有人說如果寫作的人肯誠實地記錄下生命中眞實的經驗、最怨的旅程，那將會是最動人的作品。但在寫作的過程中，我經常充滿一些莫名的不安，就像把自己赤裸地站在衆人面前一樣，這種不安曾數度讓我的寫作陷入困境。」

她說出來了，用依然還不算完全平靜的口吻，卻是儘可能完完全全地說出來了。所謂的無比榮耀，並不是這一整個事件，因爲事件本身是我們大家該共同檢討的，本來就不應該是她一個人承擔的；所謂榮耀，是將一切說出來的這樣舉止。因爲是恐懼讓我們沉默，甚至連記憶都不敢存留；能夠面對這樣的情緒，任何發出的聲音，說出來的話，都是足夠勇敢的人才做得到的。

在歷史的軌道裡，隨著文明的追求，一切的教化力量都一再地告訴我們，所有一切屬於高水準的人類行爲，包括舉止、風度、教養等等，都是應該沉靜、沒有聲音，甚至沒有情緒的。面對自己的恐懼，我們被教導要沉靜，只因爲這才是文明的，才是優雅的。

然而，逐漸地，沉靜變成了一種不再有任何感覺的反應。因爲要表現文明，我們不再感覺，甚至是到麻木不仁的地步了。這樣的文明教養，是優雅呢，還是對生命更深沉的壓抑？這時，發出的聲音，即使是片斷的、撕裂的，或粗俚的，反而才是自己存在的唯一證明。

在人類的歷史上，包括在台灣這土地所發生的，因爲還有這樣的聲音，才教我們還會相信人本身是可能善良的。她這一本書，關於男性對她身體的侵害，不只是爲她自己，不只爲女性同胞，也包括我這樣的男性在內。她爲我們吶喊，讓我們因爲聽見，而還能感覺自己是存在的最重要的生存之聲。

不存在的愛情

幸虧羅密歐與茱麗葉在相處五天半以後就雙雙死亡了；
否則，到了第六天，
他們對彼此會不會也開始厭煩？

相信愛情嗎？

聖誕假期，快快穿梭在港島的巷弄之間，背離了熱鬧的彌敦道，朝向已經塡好醜陋泥土的昔日渡口。

那一年在香港油麻地的百老匯影城看了當時的話題電影《失樂園》，一部十足通俗劇的濫情故事。然而，在森田芳光的導演手法下，渡邊淳一平庸的原著小說，透過役所廣司和黑木瞳兩人的眼神，卻是一直纏繞不去。一個是因爲疲憊而不甘衰老，一個則不願放棄剛剛發現的生命滋味而顯得淒豔。我是感動了。但是，我相信愛情嗎？

沿著已經看不見海洋的濱海公路走著，朝向尖沙咀，我一直想著自己的感動究竟是怎麼一回事。

森田芳光的電影和渡邊淳一的原著小說其實大不相同的。不只是男主角的年齡從小說的五十五歲減爲五十歲，而不至於兩人之間的感情顯得有些父女態而減少了激情；更可能的，恐怕是電影中的孤絕感吧，兩個人同時遭眾人的善意驅逐出社會關係網絡之外，這種遭眾人遺棄的狀態，彷如亞當和夏娃遭神祇放逐的境遇，反而比小說更貼近「失樂園」的意涵。

當年，離開了上帝事事照顧的樂園以後，《聖經》認爲亞當和夏娃是懊悔了；但是他們之間果眞是受苦於這樣的懊悔情緒呢？還是說，懊悔反而更豐富了兩人之間的愛情呢？

愛情發生之後……

我沒有去過任何樂園或失樂園，卻好幾次到了清邁。

最早的一次是純粹的偶然。在原先計劃失敗後，一群朋友提早結束了泰緬邊境的走訪，於是突然多出幾天的假期。原先打算在山上度過的除夕，也就臨時起意而改至熱鬧的清邁古城。

小巴士從清萊穿過顚簸的漫長路程，接近了清邁，同行的夥伴忽然想起了多年以前在此城傳奇離世的鄧麗君，一直嚷嚷要去住同一間飯店。於是，一票人就在湄平皇家飯店待下來，除夕夜紛紛各自打電話回台北報平安，總忍不住提起我們下榻的旅館，「就是鄧麗君死掉的那一家啦」。

然而，每個夥伴的朋友或家人都沒有我們預期的羨慕和興奮，反而只是一味表示「嚇死人了」，抗議這種不吉利的拜年方式。當然，當初應要求而載我們來住這大飯店的小巴士司機，也覺得十分莫名其妙：怎會有這樣的冤大頭，這般隨興訂旅館而沒法打折，甘心多花鈔票也要住進來？

我在想，也許是對這樣一段傳奇的著魔吧。

住在那間旅館的幾個晚上，即使是除夕夜，也沒人感應到鄧麗君的存在。旅館並不特別豪華，清邁雖然好玩卻遠遠稱不上仙境或樂園，沒人知道她和法國男友之間究竟怎麼回事，爲什麼千里迢迢來到這個有點髒亂的小城所謂的「度假」？

出了旅館沒多遠就是勞考路（Loi Khro），右轉是一望無盡的夜市，左轉則是一路曖昧燈光的鶯鶯燕燕酒吧。我們每晚去練習殺價的功夫，吃喝泰北地方菜，閒晃經過這一路的異國情調，偶爾就想起了這旋律：「甜蜜蜜，你笑得甜蜜蜜」，好像呢，又好像爲什麼可以感覺到甜蜜蜜？

愛情，眞的是愛情讓人甜蜜蜜？永遠不再發出任何聲音的鄧麗君，在她沒有任何緋聞的人生盡頭，終於一次放手一搏的戀愛以後，卻沒來得及表示任何心情，只留下教人和她一樣窒息的沉默。

役所廣司邂逅黑木瞳，所有的心慌教他結結巴巴時，我相信，那一剎那是曾經發生了愛情；一生乖巧依賴家人的鄧麗君，決定要隨著法國小男友離去時，愛情也一度發生了；同樣的，當亞當用力啃下蘋果時，恐怕是比心甘情願還更加十倍的熱情。

只是，從今而後呢？

幸虧羅密歐與茱麗葉的愛情，在相處五天半以後就雙雙死亡了；否則，到了第六天，他們在一起的心情會不會也開始厭煩？而這世界又少了一個永恆的愛情故事了。莎士比亞沒告訴我們的，誰也不可能知道。

然而，也許莎士比亞也果眞清楚這一切吧。在他筆下的愛情，如果劇終以後還可能餘音裊裊而感情越加堅貞的，只剩下《馴悍記》或《仲夏夜之夢》這類的詼諧趣味或諷刺故事；倒是所有轟轟烈烈而教人落淚的，全是以分離或死亡的悲劇爲收場。

阻力助長了愛情的甜蜜

永恆的愛情，甚至只是比刹那稍稍持久的任何愛情，恐怕也只有在已經失去或將近失去的邊緣，才能持續下去吧。

如果沒有被逐出高薪工作，沒被逐出習慣性的家居生活，還是優渥的既得利益階級，這樣的役所廣司，果眞會毫無悔意地繼續接受這樣熾熱的愛情嗎？如果，媽媽和丈夫都不理睬更不譴責爲偷情而離開父親喪禮的黑木瞳，果眞會以爲這樣的愛情值得殉身嗎？是兩人之間單純的愛情教人願意生死相許，還是這樣永遠遭世人唾棄的失樂園狀態，這種悲壯和淒美，才是教人耽溺的？

兩個十五、六歲的少年男女，如果沒有家長無聊的干涉，包括任何驚訝或喜悅都沒有，恐怕膩在一起十來天就因爲口角而分手了，也就沒有羅密歐與茱麗葉可言了。反而是家長之間的世仇關係（現今社會所有青少年父母不也將對方的父母當作仇敵一般疑心揣測嗎？），經由悲劇氣氛的催化，助長了兩小無猜之間共同被迫害的甜蜜。

愛情，唯有在失樂園的狀態，才有所謂的持久。或者說，唯有承認它本質上被虐狂的成分，並且設法去經營維持這樣的被虐狀態，才可能繼續下去。

鄧麗君唱著〈甜蜜蜜〉，但更多的時候卻是唱著〈何日君再來〉這樣的哀歌。唯有分離的狀態，不能完全結合的困境，反而才是愛情繼續發生的辦法。

從二〇年代的上海國語流行歌曲、四〇年代的閩南語歌曲，到現在Y世代盪氣迴腸的情歌，大部分的愛情只可能在悲傷的曲調中存在。還記得「我要為你做做飯」，一九九七年阿妹妹紅極一時的專輯？也許吧。只是，這樣輕快的情歌，輕快的節奏，加上輕快就可以在一起的情節，明天就全給新的流行遺忘了。沒有阻力而失去困難的愛情，明天同樣也給新的愛情所取代了。

於是，一旦陷入在婚姻裡的關係，真正值得珍惜的，恐怕就不再是愛情了。在外遇、在辦公室、在陌生的邂逅，任何婚姻以外的感情，任何上帝所不允許、不祝福的失樂園狀態，在大部分的情況下，永遠都比婚姻中的感情還更有機會像愛情。

比愛情更珍貴的平凡感情

婚姻中的，或兩人之間長期關係的，其實是一種熟悉而自在的相處狀態。這是最難得的，卻也是最容易以爲平凡而輕視了。人們歌頌的愛情卻是全然相反的。而它是一種隨時準備犧牲，唯恐不轟轟烈烈，或至少也是世俗所不允許的感情，也就不出現在長期關係內了。即使是每一家報紙家庭版所謂「眞實報導」的金童玉女或美滿家庭，雖然不斷強調著這樣的愛情神話，恐怕也是因爲明白感覺到淪落在日常生活中的愛情其實是脆弱無比，可是又沒法參透愛情和家庭之間並沒有絕對的必然性，只有拚命努力美化來作爲最虛無的努力吧。

我相信愛情嗎？

那一年在香港油麻地，從西濱道路才走沒多久，又挺進熱鬧沸騰的尖沙咀廣東道了。不知道是鷄瘟，還是後九七的緣故，即使港幣頻頻貶值了，觀光客卻是明顯減少。平安夜的第二天，《蘋果日報》的頭條是「平安夜冷清清」，蘭桂坊只有尋常週末的熱鬧，勉強只有尖東海濱烏壓壓的人潮無事閒逛著。

同行的朋友問說：相信愛情嗎？我想，我相信激情，甚至擔心自己內心深處已經失去了激情的浪漫能力；我也相信分離狀態的愛情，雖然偶爾覺得自己太擅長遺忘而不容易持續懷念；但是，對於傳說中那些既持久又浪漫的愛情神話，恐怕還是抱持了最深度的懷疑。

只是，我也相信，在持久感情中，譬如在家庭或類似的兩人關係裡，其實存在著一種比所謂的愛情還更珍貴的感情。那樣的關係因爲太平凡而容易被忽略，甚至連一個足以代表其內容的簡單名稱，都還沒找到呢。

從港島天星碼頭過海，從清邁古城牆繞進一座又一座的寺廟，旅行雖然經常發生，終究還是有盡頭的短暫浪漫。下了飛機，搭上高速公路的巴士，回到城市，走進家門，又是尋常的百姓生活。

〈附錄一・一九九八年初版推薦序之一〉

老湯姆和他的凸透鏡

莊裕安
（醫師作家）

閱讀浩威的新書初校稿，然後再寫篇隨筆，讓我想起多年前在長庚精神科實習的往事。當時該科只有門診，少掉打針、抽血、導尿、換藥那些雜差，又沒有咄咄逼人的大管家總醫師，結業不必考試只要交篇心得報告，更無驚心動魄的值夜當班，真是苦學徒的新樂園。

那時我們跟診只有兩件事。對初診病人問些身家背景資料，下一個初步印象，然後隨同病人與病歷，坐到主治醫師身邊，看經驗老到的前輩如何望聞問切。另外一樁更有趣也更清閒，那就是躲在「單向」玻璃窗內，觀看較長時間的隱密性諮商對談，天經地義當個「偷窺湯姆」（peeping

Tom）。那模樣眞像欣賞一場精采的好萊塢「室內電影」，劇情完全以對白取勝，醫生如何在三、五分鐘內欲擒故縱，讓病人涕泗縱橫、束手交心。更準確來說，像幾十集連續劇的居中一、兩場，當病人下次回診時，我們已跳到眼科或耳鼻喉科了。

帶著「度假」心情的吾輩，倒有點像馬克吐溫筆下那個促挾湯姆，滿懷偷窺快感，傾聽「櫃內」的檔案病例。沉浸在身心症的大海裡，我似乎隱約體悟，人人需要精神科大夫。站在主治大夫和精神病患的天平間，前者應是我仿同的對象，可是每每我在後者也找到類似的生命潛質。我在精神科裡，體會到自己，原來也帶著一點點躁、一點點鬱、一點點雙性戀、一點點暴露癖。我沒有把握那些「一點點」冰山之角，何時會發生巨大撞裂，湧上水面。

多年後，當我變成另一個經驗老到的內科大夫，再來玩味浩威的告白時，也發現一位精神科大夫的某些冰山之角。是啊，天地不仁，萬物芻狗，精神科大夫也難逍遙於外。多年後，依舊老話一句，人人需要精神科大夫，連精神科大夫也不例外。我在內科問診，經常碰到不知病人屬「焦慮狀態」或「焦慮病態」，建議他到精神科量化診斷，十之八九遭到婉拒，人人堅信自己壞在胃囊或脊椎。倘若日後，我再對病人說之以理、動之以情時，順便加上「我有位當精神科大夫的朋友，他也有個跟你一模一樣的困擾……」云云，也許更能勸病人乖乖就範。

「老湯姆」如我，此番偷窺亦醫者亦患者的告白後，這冰山之角彷彿變成凸透鏡。書裡的每一篇文章，全像平行的光線，穿越「王浩威」這面凸透鏡，聚焦於一點。經過焦點而發散的光線，能夠增加長度、增廣幅度，投射得更遠，以便探觸不可知的世界。君子愛窺，窺之有道，浩威不只提供探密的樂趣，還具備些許人情道理。

浩威的血紅素裡含有一種叫「詩人」的成分，所以行文別具「疲倦式抒情」氣質。這種氣質上不了《精神科醫學誌》那類學術刊物檯面，但就大衆讀物，卻是難得的親和低調。浩威的知識散文，還有個延伸閱讀的好處。當他信手拈來溫尼考特、鮑比、史脫爾、舍克等等行家嘉言語錄，也指示出讀者取經方向。大部分讀者可能像我，病不至於需要去掛精神科門診，但又對書中談論的議題，充滿更上層樓的期待。於是便可到圖書館或書店，找到相關的讀物，爲自己的好奇繼續充氣。窺吾窺以及人之窺，所有像浩威和筆者一般的好窺讀友，都能從「小窺」提昇到「大窺」，一覽精神醫學裡更豪華與排場的經典論述。

小說家亨利·詹姆斯有個名喻：「生命也有連舒伯特都難以面對的一刻。」以舒伯特那般勤懇與達觀，至少由他極有限的生命和極無盡的作品來說，也有蒼天無奈的時候。浩威在文化界朋友眼中，是個混身帶勁、能屈能伸的好漢子，十八般武藝跨界越黨，打蛇救火，把脈磨墨，樣樣都行。然而，生命也有連王浩威都難以面對的一刻，眞讓人喜歡他那「舒伯特眼神」，那老湯姆的疲倦式抒情。

〈附錄二・一九九八年初版推薦序之二〉

讓孤獨與憂鬱在回憶中止息

楊明敏
（精神科專科醫師。法國巴黎第七大學精神病理與精神分析博士）

替浩威寫這本書的序，同時是容易卻又困難的。容易的是在二十年的情誼基礎上，對他自幽邈心域所靈光一現的兒時回憶，主觀說來是不難解讀、共鳴的；困難的是客觀思索後卻發現他自眾聲喧嘩中信手捻來的理論說明，相對於紛擾凌亂的情緒、情感（affect）而言，是難以妥貼契合的。

先談容易、主觀之處。〈疏離。人潮陷落在黑夜中〉一文，可作為浩威行文的典型。他在深夜的林森北路「陷落」於王家衛的電影《春光乍洩》，陷落於兩位身處異鄉、分離糾葛的男同志的情欲漩渦當中。漩渦的肇始是場外的一個動作，對售票小姐說一句電影中的對白：「讓我們重新開始吧」，便可省下一張戲票錢；說完這話後，浩威有「一股荒謬的困窘」，自然湧上。隨後他進入電影院中，當影片裡分分合合的戀人重複這句話後，原本黑白的電影轉變爲彩色，浩威發現自己先前已講過這句話了，會有「荒謬的困窘」之外的感覺嗎？聽見電影中的對白竟重複自己觀影前困窘的話語，是否覺得電影中的角色竟然模仿起自己來的突梯疏離？浩威因此分身了，作爲觀衆同時也是主角。

作爲觀衆的浩威漩入影片當中的故事，「兩個永遠沒法在一起的親愛靈魂，飄晃在南半球的拉丁城市，而故鄉在遙遠的地球另一端。」負著寂寥的心情，另一個作爲主角的浩威逸出了電影院，自由（字由）聯想地侃侃而談有關疏離、異化、異形、異形專家等等，「電影院外，深夜裡遊蕩的熱鬧有些寂寥，甚至偶爾出現這類疏離的荒謬。」

電影院之外，戲的確仍在上演，演的卻是門診的經驗──爲了顧家放棄在海外的升遷，日後又因原廠裁撤而失業，以致無法顧家的某類男性；

這生活經驗遙相呼應著他另一本著作《台灣查甫人》的主題，也撫觸撩撥他的心弦。試想看完子夜場的他，駕著車子，看見熱鬧的林森北路沉陷在無邊際的黑夜中，浩威「多年以前的印象立刻浮現」，挾著超現實的意味──「黑漆漆的墳地有一場謝鬼神的戲正孤獨地搬演著。」問題在於繁華與黑暗交相侵蝕的子夜裡，倏忽浮現的印象、記憶，到底是指什麼呢？是否他的童年創傷所致的遺忘（見〈恐懼。灰影在呼吸之間滲透〉），無論身處近在咫尺的台北或是遠在南半球的拉丁城市，均使得他無法逃離孤寂疏離的桎梏？別忘了，浩威喜好跨國的旅行，也許我們可猜測，他所喜歡的並不是異國的風情，而是到陌生地方的憂愁與飛翔（見〈憂鬱。憂鬱的醫生，想飛……〉），在人生旅途的失落與恐懼（〈失落。我不甘心〉、〈恐懼的旅程〉），以及在內心世界之旅中搜索遺忘與傷口（〈背叛。尋找被遺忘的傷口〉），但是他是否偶爾也會疲憊呢？以致他略爲提及生命中的休息站──愛情、死亡（〈不存在的愛情〉、〈預知死亡的旅程〉）。

明顯地，這些對浩威情感遞幻的種種揣測，是不會有明確的答案。再說客觀、困難之處。正如方才所說的，作者的行文有一典型，先是從一外在的場景，像是精神科問診的經驗，或是電影、小說的章節出發，繼而像是漩渦或是螺絲般的迴旋，將讀者帶往學理、論說的光明世界，又在一種非線性、盤旋的驅策力量下，滑進了作者的經驗（特別是童年經驗），時而與先行的主題隱隱呼應，時而明確斷然地回到先前提及的場景事件，最後往往戛然而止。

在讀完描繪不同情感的篇章後，我的感覺是：理論的鋪陳與充塞著情感的精神病人症狀、小說電影的情節，以及作者彌足珍貴的個人記憶，兩者之間有一落差，前者（理論）的說明無法妥貼支撐後者的豐饒，有時阻斷了書中多種情感的流動性。如果吹毛求疵，還可發現各篇中援引的理論，並沒有系統性地形成作者已感受的、變幻萬千的情感世界的穩固框架。（也許，沒有一種理論具此能耐吧！）以〈憂鬱。憂鬱的醫生，想飛……〉（令人聯想起作者的另一本書《在自戀與憂鬱間飛翔》）爲例，在長途旅行啓程的前一天，依然是凡物縈身而勞碌不堪，更早一天友人去世了，白天的工作不斷被電話中斷，晚上又忙著參加討論社會福利政策妥當與否的聚會，沒有適當的時間好好地感傷、憤怒等等，「一天就這樣過去了。在哀傷、亢奮、憤怒和急迫之間」，這種感慨恰好與米蘭・昆德拉在《緩慢》一書中的旨趣成爲對比：「……悠閒的人是在凝視上帝的窗口。凝視上帝窗口的人不無聊，他很幸福。在我們的世界裡，悠閒卻被扭曲爲無所事事，其實兩者完全不同：無所事事的人心情鬱悶、覺得無聊，並且不斷尋找他所缺少的動力。」

就在成行的前一夜，行李打點好後，作者自忖：「忽然，一切安靜下來。隱約有絲奇怪的感覺，對這一切迅速的動作開始有所疑惑。怎麼回事呢，我失去了出國的快樂心情？」在女歌手尤娜多絲的樂聲中，藉由音樂與詩，作者才又漸漸沉浸在「可能上癮的低鬱氛圍」。而正是在這種高速度後沉靜下來的憂鬱氛圍下，作者開始了他的旅程，他才回想到朋友的死亡，也憶及幾年前自己在職業上的大轉變；關於前者，作者提到《西藏生死書》中的「無常」、「無我」；至於後者，作者則以精神分析師克萊恩的憂鬱位置解釋：「它（嬰兒）發覺不只是充滿了非我族類，甚至連對象是否友善都無法判斷，自我的前途原來是受他人左右的，沮喪的情緒也就油然而生了。這就是克萊恩所謂的『憂鬱位置』。」（奇怪的是，作者沒提克萊恩筆下的憂鬱位置，是嬰兒認爲攻擊性的幻想已確實傷及幻想中的對象而懊悔不已，因此陷入憂鬱位置。作者觸及許多不同的情感狀態，但是獨獨遺漏了司空見慣的攻擊性，只有在〈憤怒。暴雨將至〉文中提到別人的憤怒，而作者的憤怒則是側身於抗議的遊行隊伍中。也許作者也意識到攻擊性、憤怒是他抗拒意圖的，因此說：「唯有憤怒，我們得以在剎那間窺見自己的潛意識。」）

在陳述了佛理與精神分析之後，女歌手的聲音又潺潺流出，作者又再度沉陷，於午夜醒來的時分自問：「……『近來，自己還好嗎？』一切的沮喪和悲傷，忽然崩潰。」這樣的情感狀態恐怕比憂鬱更深沉，但無論如何複雜的情感，兼取精神分析理論與佛理來解釋（其他篇章中可以見到不同的配置，如社會學、進化論、精神醫學等不同比例的組合），是否允當呢？這是個值得深究的問題。

身爲作者的浩威，書寫此書的過程應該是容易也是困難的。他早已著作等身，又是精神科醫生，敏於捕捉門診的經驗，善感於書寫電影中的情事，很容易便能編織穿梭於各式各樣的理論與情感；但困難的竟又是他自己，因爲他在自己內心的黑暗大陸中，獨自搜尋、重構鼓脹著情感重擔的記憶。誠如陳義芝先生在《台灣少年記事》所說：「儘管認識王浩威許多年，陸陸續續在不少場合聽他評論創作、分析思維，或自述學思歷程、處事方法，對他眞實的世界卻仍然諱莫如深。」熟稔浩威的朋友，對他的眞實世界「諱莫如深」，而他對自己內心的情感世界，又何嘗不是呢？所有人對自己的情感都是陌生人。

簡單地說，在這本書中我們目睹了浩威想再認識自己的企圖，也感受了往這方向發展探索的險阻。

〈附錄三・一九九八年初版作者序〉
尋找一條漫長的旅程

王浩威

夏日的七月，和友人沿著波羅的海旅行。

從聖彼得堡的芬蘭車站出發，當年列寧結束流亡到俄羅斯第一場演說的歷史地點，我們搭乘西貝流士號火車沿著他的方向奔向赫爾辛基。

而今的俄羅斯民衆，比起當年包圍歡迎列寧的人民，有何差別呢？嚴格說來，即使是時時刻刻在地鐵、在馬路擠在人群中的自助旅行，還是和當地的居民永遠有一個遙遠的距離，根本不可能有任何對人的瞭解。

也許，我們是見識到莫斯科街頭喜愛盤查護照的警察，見識到公家或私人企業裡每個人都帶著一點教人不禁認定是官僚氣息的冷淡和緩慢，但是，這些又代表什麼呢？在莫斯科前往聖彼得堡的夜車上，我們不也和兩位友善的莫斯科人同車廂共眠，包括積極地給許多建議的法律系女學生笛塔妮？

在聖彼得堡，英語和美金一樣地普遍使用著，我們也同時感覺到四周的氣氛友善許多。永遠微笑和擁抱的大鬍子司機伊莫，熱情介紹杜思妥也夫斯基的紀念館解說員，還有，永不擔心的深夜漫遊。不過，我們不也遇到了誆人的運河遊艇的年輕小伙子？

究竟，我們可以對人瞭解多少呢？

在赫爾辛基，一個顯然是明亮許多的城市，我們沿著海灣的綠地徒步到西貝流士紀念碑。陽光、藍天、海洋、遊艇、樹林和綠草，還有對所有的人都相當體貼的空間規劃。一切都美好極了。

我們隨意在海邊的咖啡小屋佇留，坐在陽光下喝杯咖啡，海鷗飛過來，逗留在我們周圍。然而，永遠都只是在某一個範圍外，超出我們的手臂圓周外的安全距離，即使是用香甜的麵包片也無法誘引過來。

這樣美好的居住環境，我們都感覺舒服極了。同行的友人特別偏好這裡結構簡單的建築，完全由整齊而垂直的線條構成，他說：眞想不通，住在這樣的環境怎麼會想自殺呢？

他指的是這許多年來，芬蘭和瑞典一直居高不下的自殺率和憂鬱症罹患率。一九九七年，世界心理衛生聯盟大會在芬蘭舉行，自殺和憂鬱這兩個相關問題如何預防成爲大會的主題之一。芬蘭上上下下做了許多努力，自殺率依舊不變。

這樣的問題爲什麼不是發生在莫斯科那樣灰暗的城市，或是教杜思妥也夫斯基寫出《罪與罰》的聖彼得堡？爲什麼不是我們這些汲汲營營，永遠堵塞在台北市每一街頭而徒然羨慕別人的第三世界居民呢？

旅程終究是永遠流動的，我們無法在飛機起飛以前做更多的停留，終究不可能在這般的人群穿梭中觀察和研究這一切問題。

赫爾辛基的街道很簡單，城市亦不大，我們晃了半天就明白如何辨認方位了。夏日裡的千湖之國，幾乎每一條街道或每一水邊，只要有陽光，就有可坐下來的啤酒或咖啡店。當然，絕大多數的人啜飽著啤酒。百分之廿二的貨物稅，一切的食物和飲料都顯得昂貴極了。

同行的友人就要結束他的旅程，而我還要繼續。兩個人開始變成兩個分開的人。他不經意地說，胃藥要開始吃了，因爲廿四小時以後就要開始上班。原來，所有預防壓力引起胃酸過多的制酸劑胃藥，不是爲了陌生國度的恐懼或緊張，而是爲了回到原來生活軌道的適應困難。

而我，已經訂好夜車票，準備前往一個剛巧越過北極圈的小城。一趟十二小時的漫長夜車，然而，眞正的黑夜只有三個小時，或者更短。這樣的個人旅行，近乎是北地的自我放逐，又是怎樣的心態呢？我忍不住聯想到《阿拉斯加之死》，那一位凍死在沒人前往的冬地的簡樸青年。這樣的聯想當然帶來了一陣孤絕的沮喪感；然而，奇妙的是，這樣的絕望反而夾雜著自己不敢凝視的滿足和喜悅。

在旅行當中，從一個都會到另一個城鎮，從一個國家到另一個城邦，人的位置又回到了荷馬筆下的奧迪塞之旅。我帶著相機，咔擦咔擦地照了幾十卷的幻燈片，彷如是將所有的風景都存檔而占有，彷如是率領希臘聯軍的亞格曼儂，征服和奪取的欲望永遠蠢蠢欲動；另一方面，卻又像是刺割自己雙眼以後的伊底帕斯，永遠拒絕了家、城邦和各種的美好風景，當然，也棄絕了賜他終生詛咒的諸神。我是在看他鄉異國的風俗民情，還是在看著自己內心永遠多層次變化的情緒風景？

站在赫爾辛基的火車站，巨大的岩石建築，正面的石牆上雕著四位維京巨人捧著圓形大燈。這樣的一個城市，從小到大，一直在課本上背誦著，在電視新聞上看見，在學術討論上讀到，在西貝流士的音樂被聽見。如今，我來了，我看見了。

但我眞的看見了嗎？

所有映在視網膜上看見的影像，也許都是眞實的呈現，卻也是更多疑惑的起端。然而，在內心深處，因爲和外界的互動之際，潛意識的裂縫乍開，似乎又看見了自己的一些不曾看見，甚至是不該看見的某些事物。

我看見了嗎？

離開的前一晚是星期五，週末的第一個晚上。我們用完拉普風格的晚餐回到低廉旅館，一路都是暢飲甚至或醉酒的酒吧。旅館的樓下就有三家小酒館，一直到半夜兩點還是喧囂不斷。我起床，將所有的窗都封上，然後繼續安眠。

我看見了嗎？

我不知道，我還正在尋找，一條漫長的旅程。

Caring 072

憂鬱的醫生，想飛：王浩威醫師的情緒門診 2

作者—王浩威

出版者—心靈工坊文化事業股份有限公司
發行人—王浩威
總編輯—王桂花
責任編輯—黃心宜
特約編輯—簡淑媛
通訊地址—10684 台北市大安區信義路四段 53 巷 8 號 2 樓
郵政劃撥—19546215
戶名—心靈工坊文化事業股份有限公司
電話—02）2702-9186
傳真—02）2702-9286
Email—service@psygarden.com.tw
網址—www.psygarden.com.tw
印刷—漾格科技股份有限公司
總經銷—大和書報圖書股份有限公司
電話—02）8990-2588
傳真—02）2990-1658
通訊地址—248 台北縣五股工業區五工五路二號
初版一刷—2013 年 6 月
ISBN-978 986-6112-74-4
定價—280 元

國家圖書館出版品預行編目資料

憂鬱的醫生，想飛：王浩威醫師的情緒門診 2 / 王浩威 作. -- 初版. -- 臺北市：心靈工坊文化，2013. 06
面；公分. --（CA; 72）

ISBN 978-986-6112-74-4（平裝）

1. 情緒管理

176.52 102010312